JN011850

学習者
からの質問に
学ぶ

日本語文法を教えるためのポイント30

［中上級編］

高嶋幸太　関かおる　著

大修館書店

はじめに

中上級レベルの日本語学習者から次のような質問を受けました。そのとき，いつもどのように答えていますか。

> 「あいだ」「あいだに」はそれぞれ何が違いますか。また，「夏休みのあいだに，資格を取りたい」「夏休みのうちに，資格を取りたい」のように，似た表現として「うちに」もありますが，どう使い分けるんですか。それから，「まで」「までに」の使い方も教えてください。

本書は，前著『〈初級者の間違いから学ぶ〉日本語文法を教えるためのポイント 30』（大修館書店）のシリーズ続編で，中上級レベルの日本語文法に関する指導書です。本書では，冒頭のような質問が出たとき学習者が違いを理解できるよう，実際の場面にもとづいた例文を用いて解説をしています。

すでに中上級文法を扱う書籍はいくつか出版されていますが，本書はほかにはない特徴を２つ備えています。

１つ目は，登場人物の会話を通して，文法項目を学ぶという点です。既存の文法書では，主に教師が知識を整理することを目的に作られており，掲載されている例文も，どのような場面や文脈，関係性で使用されているかまでは説明されていません。それに対して本書では，登場人物による会話を例文として提示しており，学習者が具体的な場面や文脈，関係性などから意味・用法や使い分けを学んでいくことを提案しています。また，本書は学生やビジネスパーソンに対する教育現場で使われることを想定しているため，大学生や社会人の登場人物をメインキャラクターとして設定し，具体的な場面で特定の文法項目がどう使われるかを例示しています。

２つ目は，実践現場ですぐに活用できるという点です。執筆にあたっては，教育現場における筆者の経験をもとに，中上級レベルの学習者からよく挙がる疑問や質問を洗い出しました。そのため，本書で取り上げている内容は，読者の皆さんが受け持つ現場でもよく耳にするものになっていると思います。

初級文法を扱った前著では，学習者の母語別指導ポイントも記載しました。これは，学習しはじめた段階ということもあり，学習者は母語の影響を受けることがあると考えたためです。一方で，中上級文法を扱う本書は，ある程度日本語の知識を身につけた中上級者への日本語指導を想定していますので，母語を問わず，当該学習者がつまずきやすい文法項目，あるいはわかりにくいと感じる学習事項を中心に取り上げています。

このような観点から制作されていますので，本書は中上級の文法項目を網羅しているわけではありません。しかし，ここで扱っていない項目を授業で教える場合でも，本書にあるように，場面や文脈，関係性にもとづいた会話例を作り，説明するという方法を取り入れることができると考えます。

企画から出版に至るまでは，担当編集者の内田 雅さん，神作 聡美さんをはじめ，大修館書店の皆様方にさまざまなアドバイスやフィードバックを頂きました。心より感謝いたします。そして，登場人物のイラストを描いてくださったイラストレーターの岡林 玲さんにも厚くお礼を申し上げます。

最後になりましたが，本書が日本語教育の現場で活用され，授業を進めるうえでお役に立てれば，筆者として大変嬉しい限りです。

2022 年 3 月

高嶋 幸太・関 かおる

目次

コラム

本書の使い方

本書は，授業準備をするときに，補助的な指導参考書として，市販されている中上級レベルの日本語教科書といっしょに使っていただくことを目的に作られています。また，中上級レベルの日本語学習者が文法参考書として利用することも可能です。

本文の冒頭には，学習者からよく挙がる質問が取り上げられています。たとえば，p. 32 から始まる【7　不可能と可能性を示す「かねる」「かねない」】では，以下のような質問が最初に書かれています。

「賛成しかねる」のように，動詞の後に「かねる」が使われると，「できない」の意味になるようなんですが，ない形じゃないのにどうしてですか。反対に，動詞の後に「かねない」が使われると，「できる」の意味になるんですか。

質問の後には会話例があり，それをもとに学習者にとって難しい点や，正しく理解してもらうための教え方，提示例文などが書かれています。

本書の流れは以下の通りです。

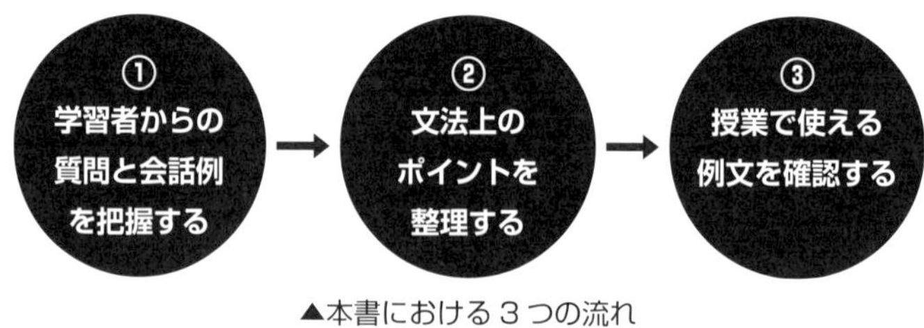

▲本書における３つの流れ

① 学習者からよく出る質問と会話例を把握します。

質問 では，最初に当該文法に関して学習者からよく挙がる質問が書かれています。その後には，**例** としてその文法項目の典型的な使い方が示された会話例があります。

② 文法上のポイントを整理します。

解説 では，①で示された学習者の質問と会話例に対応する形で，文法項目のポイントが整理されています。本書では，難しい文法用語をそのまま使って説明するのではなく，実際の授業で学習者に理解してもらえるように，具体例を出しながら説明することを心がけています。

③ 授業で実際に使える例文を確認します。

提示例文 では，授業時に提示する例文が掲載されています。例文をそのまま使ってもよいですし，実際に教えている現場の学習者に合わせ，作り変えてもよいでしょう。

各項目の随所に日本語教育や日本語に関する **コラム** も挿入しています。授業を行ううえで，参考になればと思います。

なお，本文中において，V は動詞（Verb），A はい形容詞（Adjective），NA は形容詞（Na-Adjective），N は名詞（Noun）を表します。また，文法上・語法上，不自然な文や間違った文には ? を付記しています。加えて，前著『〈初級者の間違いから学ぶ〉日本語文法を教えるためのポイント 30』に参照ページがある場合は（⇒『初級編』p.100）のように記しています。

表記については，意味の取り違いがないよう，ひらがなで書かれている語が多々あります。たとえば，「面白い方が好き」と表記されている場合，「ほう」なのか「かた」なのか，判断がつきにくくなります。そのため，本書では「ほう」などのようにひらがなで表記しています。

主な登場人物の紹介

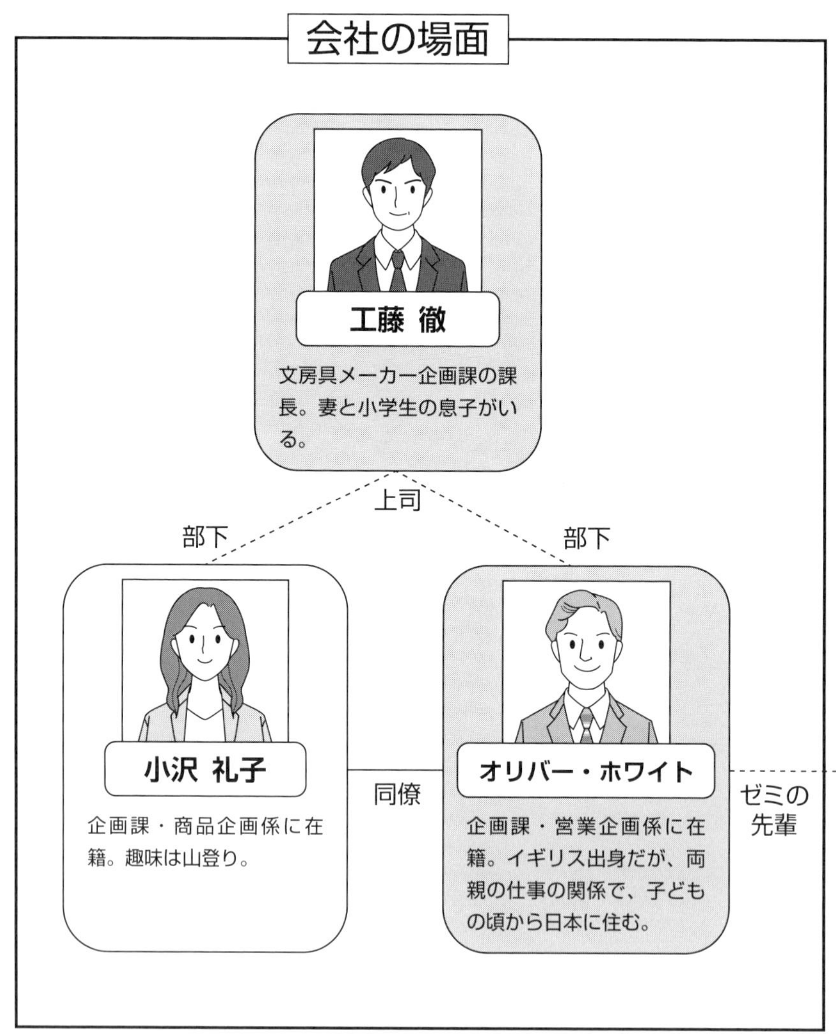
会社の場面
工藤 徹
文房具メーカー企画課の課長。妻と小学生の息子がいる。
上司
部下
部下
小沢 礼子
企画課・商品企画係に在籍。趣味は山登り。
同僚
オリバー・ホワイト
企画課・営業企画係に在籍。イギリス出身だが、両親の仕事の関係で、子どもの頃から日本に住む。
ゼミの先輩

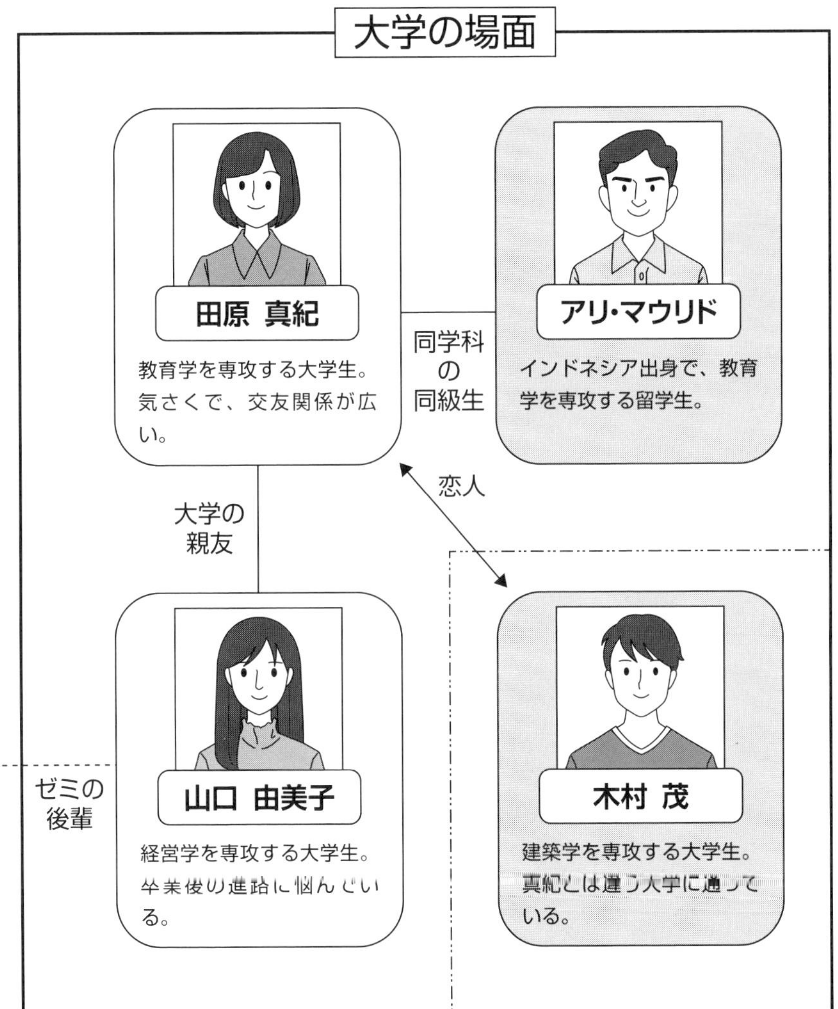
大学の場面
田原 真紀
教育学を専攻する大学生。気さくで、交友関係が広い。
同学科の同級生
アリ・マウリド
インドネシア出身で、教育学を専攻する留学生。
恋人
大学の親友
ゼミの後輩
山口 由美子
経営学を専攻する大学生。卒業後の進路に悩んでいる。
木村 茂
建築学を専攻する大学生。真紀とは違う大学に通っている。

〈学習者からの質問に学ぶ〉

日本語文法を教えるためのポイント30　中上級編

1 理由を示す「わけ」のいろいろ

「わけだ／わけがない／わけではない／わけにはいかない」

質問

「わけだ」という表現を時々聞きますが，どんな場面で，どのように使えるんですか。それから，「休むわけがない」「休むわけではない」は「が」「では」の部分が違いますが，意味にも違いがあるんですか。また，「休むわけにはいかない」の「わけにはいかない」についても教えてください。

例

（1）

茂：このレストラン，いつもより人がたくさんいるね。
真紀：昨日，テレビで紹介されたらしいよ。
茂：道理で人が多いわけだ。

（2）

真紀：時給 10 万円のバイト，ないかな。
由美子：そんなバイト，あるわけがないでしょ。

（3）

真紀：毎日，朝ご飯って食べてる？
アリ：毎日食べてるわけじゃないけど，だいたい食べてます。

（4）

工藤：顔色悪いけれど，大丈夫？
ホワイト：実は，夕べからちょっと頭が痛いんですが，今日は大事なプレゼンがあるから，休むわけにはいかなくて。
工藤：あんまり無理しないようにね。

解説

【1】「わけだ」の意味・用法

「わけ」を漢字にすると，「訳」になります。この「訳」は「物事の道理」つまり「物事が進む正しい道」という意味を持ちます。「わけだ」は，ある物事について話し手が**納得したり理解したりする**ときに使われる表現です。例（1）の会話では，「テレビで紹介されたから，人が多い」という理由・事情に茂が納得しています。ほかにも，「月曜日が祝日ということは，3連休になるわけだ」のように，**結論や要約を述べる**ときにも使われます。

「わけだ」は，「それで／だから／道理で〜わけだ」「それじゃあ／ということは〜わけだ」「つまり／要するに〜わけだ」などの形でよく使われます。

【2】「わけがない」の意味・用法

「わけがない」は，「そんな道理や理由は存在しない」つまり**「それは間違いだ」「絶対にそうではない」**と強く否定する場合に使われます。例（2）の［そんなバイト，あるわけがない］という文では，「絶対にそのようなバイトはない」「そんなバイトは決して存在しない」ということを表しています。同様に「まじめな小林さんが休むわけがない」と述べた場合，「絶対に休まない」ということを表しています。

ない形を使った「〜ないわけがない」の場合は**「絶対にそうである」**ということを表します。たとえば，「あの人がもてないわけがない」は「あの人は絶対にもてる」という意味です。話しことばでは，「わけない」のように「が」が省略されることも多くあります。

この「わけがない」という表現は，強い印象を与え，目上の人や親しくない人に対して使うと失礼になる場合があるため，注意が必要です。

【3】「わけではない」の意味・用法

「わけではない」は**「いつも（すべて）そうではない」「必ずしもそうではない」**という部分否定を表します。たとえば，例（3）の［いつも朝食を食べてるわけじゃない」は「毎日は朝ご飯を食べない」「食べない日もある」ということを表します。同じく「すべての会社が土日に休むわけではない」と言った場合，「土曜日，または日曜日に働く会社もある」ということを伝えています。

この「わけではない」は，ない形との接続も可能で，「～ないわけではない」は**「部分的にそうである」**という部分肯定の意味になります。たとえば，「料理しないわけではない」「やる気がないわけではない」は，それぞれ「料理する」「やる気はある」ということを表します。

【4】「わけではない」と「わけでない」の違い

「わけではない」に近い形として，「わけでない」があります。助詞の「は」があるかどうかの差なのですが，それによりニュアンスに微妙な違いが生まれます。そもそも「は」は，主題を表す助詞です。**主題**とは「～について言えば」のように，伝えたい話題（トピック）のことです（⇒『初級編』p. 166)。そのため，「わけではない」は，「そうではない」ということを表すことになり，その主題を否定する感じが強まります。たとえば，「このレストランは人気があるが，おいしいわけでない」よりも「このレストランは人気があるが，おいしいわけではない」のほうが自然に聞こえるのは，この文が「おいしいか，おいしくないか」という部分に主題が置かれているからです。

【5】「わけにはいかない」の意味・用法

「わけにはいかない」は，**「それはできない」「そうしたくない」**という意味で，話者の気持ちが強く反映された表現です。たとえば，例（4）の［休むわけにはいかない］は「休むことはできない」という意味になります。ほかにも，「負けるわけにはいかない」は「負けたくない」という話者の気持ちを表します。

この「わけにはいかない」は，ない形との接続も可能で，「～ないわけにはいかない」という形は，「それをしないということは避けられない」つまり**「そうしなければならない」**という意味になります。たとえば，「飲み会に行かないわけにはいかない」「お勧めの映画を見ないわけにはいかない」は，それぞれ「飲み会に行かなければならない」「お勧めの映画を見なければならない」ということを表します。

提示例文

「わけだ」

真紀：林さん，ほとんどのテストで満点取ってるらしいよ。
アリ：当然ですよ。授業後，いつも図書館で夜まで勉強していますし。
真紀：道理で成績がいいわけだ。

ホワイト：先週，お休みでしたね。
小沢：ちょっと北海道から家族が来ていて。
ホワイト：だから休んだわけですね。

アリ：あの，先生。
教員：どうしましたか。
アリ：先週末まで風邪を引いていて，明日までのレポート，まだ終わっていないので，もう少し待っていただけないかなあと思いまして……。
教員：わかりました。要するに期限を延長してほしいというわけですね。

（金曜日に）
小沢：月曜日は祝日なので，明日から３連休ですね。
ホワイト：実は私，火曜日に有休を取りました。
小沢：ということは，４連休になるわけですね。

「わけがない」

由美子：傘，持ってきた？　今日はこれから雨降るんだって！
真紀：うそ？　こんなに晴れてるんだから，降るわけないでしょ。

真紀：どうしよう。あと１週間でレポート５つ完成させないと。できるかなあ。
茂：そんなの，できるわけがないよ。

真紀：今夜，寮でパーティーがあるんだけど，行く？

由美子：行かない。だって，明日はたくさん試験あるし。でも，ユキは行くみたいだよ。

真紀：ユキはパーティー好きだし，行かないわけないよね。

「わけではない」

（初回の授業にて）

真紀：この授業の評価方法について教えてください。

教員：テストが 50% です。でも，テストの得点で成績が決まるというわけではないです。出席や授業態度なども評価に入ります。

小沢：この前行ってきたスペインのお土産です。どうぞ。

ホワイト：ありがとうございます。小沢さんはいつも連休に旅行していますね。

小沢：いつも旅行しているわけじゃないですよ。家でゆっくりすることもありますよ。

工藤：20 日までに資料，作れそう？

ホワイト：作れないわけではないんですが，もう少し時間をいただけると助かります。

「わけにはいかない」

（大学の授業にて）

真紀：先生，今日までのレポート，明日までにしていただけませんでしょうか。

教員：うーん，今日までですね。みんな同じ条件ですし，例外を作るわけにはいかないので。

真紀：アリさん，絶対授業休まないし，すごいよね。

アリ：成績が悪いと奨学金がもらえなくなるから，成績を落とすわけにはいかないんですよね。

（大学の休み時間にて）

アリ：「生徒指導」のレポート，もう書きましたか。

真紀：うん。書いたんだけど，テーマを変えようかと思ってて……。全部書き直すわけにはいかないし，どうしようか迷ってるんだよね。

「わけではない／わけにはいかない」

小沢：ああ。

ホワイト：どうしたんですか。さっきからため息ばかり。

小沢：先ほど，今日はみんなで飲みに行こうって誘われて。

ホワイト：行きたくないんですか。

小沢：行きたくないわけじゃないんだけど……今日は疲れているから，早く帰りたかったんです。

ホワイト：じゃあ，断ればいいんじゃないですか。

小沢：それは難しいなあ。みんな行くって言っているのに……私だけ行かないわけにはいかないし。

ホワイト：社会人は大変ですね。

（会議終わりに）

小沢：今日の会議，どうでしたか。ちゃんと意見，言えましたか。

ホワイト：いえ，難しかったです。部長の意見に「それは無理です」なんて言うわけにはいかないし。

小沢：そうですよね。でも，反対意見を言ってはいけないというわけではないんだから，次は頑張ってくださいね。

小沢：営業課の山田さん，アメリカに行ってしまうって，聞きましたか。

ホワイト：ええ，でもずっと行っているわけではなくて，たぶん4，5年で戻ってくるって言ってましたよ。高齢のご両親もいるので，ずっと行っているわけにはいかないらしいです。

小沢：大変そうですね。

「わけにはいかない／わけがない／わけではない」

ホワイト：来週はいよいよ企画コンペの日ですね。

小沢：ええ，他社に負けるわけにはいかないですね。

ホワイト：勝てますかね？

小沢：大丈夫。私たちのチームは十分準備してきたんだから，負けるわけがないですよ。それに，前回採用された会社がいつも勝つわけではないですから。

コラム

二重否定

「あの人がもてないわけがない」「私は料理しないわけではない」「自分だけ飲み会に行かないわけにはいかない」のように，文中に否定表現が２度出現することがあります。これを**二重否定**と言います。二重否定は，直接的な言い方や断定を避けようとする日本語の特徴が反映された表現だと言えるでしょう。また，この二重否定は，頭の中で意味を整理しなければならないため，日本語学習者にとっては難しい表現のようです。そのときに用いられる説明のしかたが以下です。

－　×　－　＝　＋

しない　×　しない　＝　する

先ほどの例文で考えてみましょう。「あの人がもてないわけがない」は，最初に「もてない」と否定しているのでマイナスです。そのあとも「わけがない」と否定しており，マイナスになります。これらをかけると，プラスになり，この場合，「絶対にもてる」ということを意味します。

「私は料理しないわけではない」の場合も同様です。まずは「料理しない」でマイナスとなります。そして，次の「わけではない」もマイナスとなり，それらをかけた結果，プラスになります。つまり「料理する」，ここでは「料理することもある」という意味になるのです。

最後に「自分だけ飲み会に行かないわけにはいかない」の場合です。

最初の「行かない」でマイナスとなり，その後の「わけにはいかない」もマイナスとなり，かけるとプラスになります。この場合「行かなければならない」という意味になります。

二重否定は，英語などの言語においても見られ，概念としては理解できるかもしれませんが，外国語や第二言語になると混乱しやすくなります。授業では上記のように説明してみてはどうでしょうか。

順接と逆接を示す

「ものだから／もので」「ものの」

質問

「ものだから」「もので」はどちらも理由を示す表現だと習いましたが，「電車が止まっているものだから，タクシーを使おう」「危ないもので，走らないでください」はおかしいと言われました。どうしてですか。それから，「もの」を使った別の表現として「ものの」がありますが，これの使い方も教えてください。

例

（1）

ホワイト：あれ？　今日は会社に寄らず，そのまま帰る日でしたよね。

小沢：はい。でも，近くまで来たものだから，会社にもちょっと寄ってみました。

（2）

工藤：さっき何度か電話したんだけど，何かあった？

ホワイト：すみません。電車に乗っていたもので，出られませんでした。

（3）（新年のあいさつで）

社長：昨年は不況だったものの，我が社は過去最高の売上げを出しました。今年も引き続き，昨年以上に頑張っていきましょう。

解説

【1】「ものだから」の意味・用法

「ものだから」は「〜だから」という形からわかるように，**「そのような理由から」**という意味になり，理由・原因を表します。このように**前件で理由・原因が述べられ，後件に結果や結論が述べられること**を**順接**と言います。順接の「ものだから」は，話しことばとして個人的な事情を説明するときによく使われます。たとえば，例（1）の［近くまで来たものだから，ちょっと寄ってみた］などです。この文では，「近くまで来たという理由から，会社に寄った」と説明しています。また，「ものだから」の後ろには，「てしまった」「なければならなかった」などの表現がよく使われます。たとえば，「友だちが強く誘うものだから，ついついパーティーに来てしまった」「電車が止まったものだから，タクシーを使わなければならなかった」などです。ただし，文の後ろには「タクシーを使いたい」「タクシーを使ってください」など話し手の気持ちや他者への働きかけを示す表現は使えません。そのため，「?電車が止まっているものだから，タクシーを使いたい」「?危ないものだから，走らないでください」ではなく，「電車が止まっているから，タクシーを使いたい」「危ないから，走らないでください」と述べる必要があります。くだけた会話では「もんだから」となり，丁寧に言うと「ものですから」となります。

【2】「もので」の意味・用法

「忙しくて行けない」「台風で電車が遅れた」などのように「〜て（で）」の形は，理由・原因を表します。順接の「もので」も理由・原因を表し，**「そのような理由で」**という意味になります。この「もので」も，「ものだから」と同じように話しことばとして個人的な事情を説明するときによく使われます。たとえば，例（2）の［すみません。電車に乗っていたもので，電話に出られませんでした］は，「電車に乗っていた」という事情を説明し，電話に出られなかったという結果について謝っています。基本的に文の後ろには，話し手の気持ちや他者への働きかけを示す表現は使われないので，「?電車が止まっているもので，タクシーを使おう」「?危ないもので，走らないでください」とは言えません。この「もので」は，くだけた会話だと「もんで」になります。

2 順接と逆接を示す

【3】「ものだから」と「もので」の違い

「A もので B」は,「A ものだから B」と比べて「A を理由として当然 B になる」というニュアンスが弱まります。たとえば,「すみません。今日はちょっと予定があるもので,また今度でよろしいでしょうか」などと断ったり謝ったりするときには,「もので」のほうが使われます。また,「もので」は「今日はちょっと予定があるもので……」のように言いさし表現として多く用いられます。**言いさし表現**とは,伝えたいことを言ってその先を言い切らない表現のことです(⇒『初級編』p. 149)。

【4】「ものの」の意味・用法

「ものの」は逆接を表します。**逆接**とは,**前件から予想されることと結果が違う**ということを意味します。たとえば,例(3)[昨年は不況だったものの,当社は過去最高の売上げを出した]という文は,「不況の場合,売上げはよくないと予想されるが,そうではなかった」と伝えています。ほかにも,「課長になったものの,全然給料が上がらない」は,「課長になれば給料が上がると考えられるが,そうではない」ということを伝えています。この「ものの」は,やや改まった表現です。類似の逆接表現として「が」「け(れ)ど(も)」がありますが,「ものの」の場合,文の後ろに命令や禁止,勧誘など働きかけを示す表現が使われると不自然になります。たとえば,「地震の揺れは止まりましたが,部屋から出ないでください」「雨が降っているけど,出かけませんか」は自然ですが,「?地震の揺れは止まったものの,部屋から出ないでください」「?雨が降っているものの,出かけませんか」はやや不自然に聞こえます。これは,文の後ろに「出ないでください」「出かけませんか」など禁止や勧誘などの表現が使われているからです。

提示例文

「ものだから」

ホワイト:昨晩,全然寝られなかったんですよ。

小沢:どうしたんですか。

ホワイト:近頃,家の近くで工事をしているものだから,うるさくて寝られないんです。

真紀：あれ？　今日は授業ない日だよね？
由美子：うん，ない。ちょっと暇だったもんだから，大学に来ちゃった。
真紀：そうなんだ。

小沢：今日は自転車通勤じゃないんですね。珍しい。
ホワイト：今朝起きたら雨がひどかったものだから，ついタクシーで来てしまいました。

アリ：駅前に新しくできたインドネシア料理の店に行ったことありますか。
真紀：ううん，ないけど。行ったの？
アリ：ええ，太田さんが絶対おいしいから行こうって言うものだから，昨日ランチに行ってみたら……。
真紀：どうだった？
アリ：う～ん。日本風に変えられていて，ちょっと……。

「もので」

小沢：昨日はメールに返信するのが遅くなってしまい，すみませんでした。
ホワイト：どうしたんですか。
小沢：実は電波の届かない所にいたもので，メールが届かなかったんです。
ホワイト：そうだったんですね。

真紀：友だちに貸した本，まだ返ってこないの？
アリ：はい。頼まれると，断れないもので……。
真紀：嫌なときは，はっきり言わないと，いつまでもそうなるよ。

工藤：今晩，部のみんなでご飯に行きましょうか。
ホワイト：すみません。今，イギリスから親戚が来ているもので……。
工藤：そうですか。皆さまによろしく。

「ものの」

小沢：K 社とのプロジェクト，どうなりましたか。

ホワイト：担当者からの OK はもらったものの，まだ先方の上長からは OK が出ていないので，待っているところです。

小沢：そうなんですか。じゃあ，あとは待つのみ，ですね。

工藤：ホワイトさん，何か悩んでる？

ホワイト：ええ。実はこの案件，「私がやります」って言ったものの，全然アイディアが浮かんでこなくて。

工藤：じゃあ，次の会議のとき，みんなでいっしょに考えよう。

アリ：何かいいアルバイトないでしょうか。

真紀：どうしたの？

アリ：バイトリーダーになったものの，時給が全然上がらないんですよね。バイトを変えようかなと思ってて。

「ものだから／ものの／もので」

小沢：家のパソコン，買い換えようかな。

ホワイト：どうしたんですか。

小沢：店員さんが「お勧めです」って強く言うもんだから，買ってみたものの，すごく使いにくいんですよね。

ホワイト：そうですか。「ほかのパソコンも見てみます」とか適当に言って，断ればよかったのに。

小沢：積極的に接客されちゃうと，断れないもので……。

ホワイト：そのお店にもう１回行って，別のパソコンと交換してもらったらどうですか。

コラム

終助詞「もの／もん」

文末に終助詞「もの／もん」を使うことで，主観的に主張をしたり，言い訳を述べたりすることができます。以下が例文です。

「(遅刻した言い訳で) だって，電車が遅れたんだもの (もん)」
「(不要な物を買って) すごく安かったのだもの (もん)」
「そんなにすぐには寝ないよ。だって，まだ 8 時だもの (もん)」

文頭には「だって」を用いることが多いです。ただし，この「もの／もん」は幼い印象を与えるため，使用する場合には，場面や相手に気をつける必要があるでしょう。

順接と逆接を示す

「からこそ」「からといって」

質問

理由を示す「から」に「こそ」が接続した「からこそ」は,「から」とどう違いますか。それから,「からといって」は反対の内容を表すと習ったので,「課長になったからといって,給料が全然上がらない」と言ったら,変だと言われました。どうしてですか。

例

（1）

工藤：午前のプレゼン,うまくいってよかったね。

小沢：はい。皆さんにいろんなアドバイスをもらったからこそ,うまくできたのだと思います。

（2）

ホワイト：あの,1つご相談なのですが,この新商品,どのぐらい広告にお金をかけたらいいでしょうか。

工藤：予算全体の5%以下でいいよ。たくさん広告を出したからといって,売れるとは限らないからね。

ホワイト：確かにそうですね。

解説

【1】「からこそ」の意味・用法

「から」は理由・原因を表し,「こそ」は強調を表します。順接の「からこそ」は，**話し手が理由を強調して述べる**場合に使われます。例（1）の［皆さんにいろんなアドバイスをもらったからこそ，うまくできた］は，うまくいった理由は皆さんにいろんなアドバイスをもらったからだと強く述べています。ほかにも，「たくさん勉強したからこそ，テストでいい点数が取れたんだと思う」「親友だからこそ，本音で話せる」「寒いからこそ，体をよく動かす必要がある」のように言えます。また，この「からこそ」は否定的な内容においては基本的に使われません。そのため，「?あまり勉強しなかったからこそ，悪い点数を取ってしまった」ではなく，「あまり勉強しなかったから，悪い点数を取ってしまった」と述べる必要があります。加えて，客観的な事実にも使えないので，「?暑いからこそ，汗が出てきた」ではなく「暑いから，汗が出てきた」と言う必要があります。接続詞として文の最初に使われる場合は「だからこそ」になります。

【2】「からといって」の意味・用法

逆接の「からといって」は，**「その理由だけで」**ということを表します。例（2）の［たくさん広告を出したからといって，売れるとは限らない］は，たくさん広告を出したという理由だけでは，売れるかどうかはわからないということを述べています。ほかにも，「たくさん勉強したからといって，テストでいい点数が取れるわけではない」「親友だからといって，いつも本音で話せるとは限らない」「寒いからといって，全然運動しないのはよくない」などの文も考えられます。文の後ろには「わけではない（⇒ p. 3)」「とは限らない（⇒ p. 72)」「よくない」などの表現が使われ，**「いつも（すべて）そうではない」「それはよくない」**という内容を伝えることが多いです。そのような点で，「ものの（⇒ p. 12)」とは使い方が異なるのです。たとえば，「課長になったものの，給料が全然上がらない」とは言えても，冒頭の質問にあるような「?課長になったからといって，給料が全然上がらない」はおかしく聞こえます。この場合，「課長になったからといって，給料が上がるとは限らない」のように述べると自然な文になります。くだけた話しことばでは「からって」となり，硬い書きことばでは「からとて」になります。また，接続詞として文の最初に使われる場合には「だからといって」となります。

提示例文

「からこそ」

真紀：夏休み，どこか行く予定ある？
由美子：沖縄に行く予定。
真紀：いいね。夏だからこそ，ビーチリゾートに行きたいよね。

由美子：先輩，就活に関して何かアドバイスありますか。
ホワイト：学生だからこそできることをいっぱいしておくといいと思いますよ。絶対にいい経験になるから。
由美子：はい，そうします。

ホワイト：小沢さんは掃除機，どんなのを使ってますか。実は壊れちゃって新しくしたいんですが，何がいいかわからなくて。
小沢：うちはホープ社のを使ってます。
ホワイト：ええっ，それすごく高いですよね。
小沢：でも，掃除機はよく使う物で性能が命でしょう？　だからこそ，少々高くてもいいものを買おうと思ったの。

アリ：3年生になったら教育実習がありますよね。今からちょっと気が重いなあ。
真紀：えっ，これから教育者になろうと思っているのに，気が重いって……。
アリ：人前で何かを教えるって考えただけで緊張しちゃいそうです。
真紀：だからこそ，教育実習に行くんじゃない。慣れなくちゃ。

「からといって」

アリ：「国際開発論」の成績，Bでした。試験で92点取ったのに。
真紀：うーん，試験でいい得点を取ったからといって，Aが取れるわけではないんだろうね。出席や授業態度も大事だし。

アリ：あーお腹空いた。いっぱい頼もう。
真紀：お腹が空いたからって，あまり食べ過ぎないようにね。午後も授業あるから。
アリ：ええ，もちろん。

ホワイト：小沢さん，今日，会社近くのスーパーで半額セールやってますよ。
小沢：いいですね。でも，安いからといって，いろいろ買い込むと，持って帰るのが大変なので，やめておきます。

「だからこそ／だからといって」

真紀：小さいことだけれど，しげ君とはお金の使い方がよく似てるよね。
茂：だからこそ，気が合うんじゃないの。金銭感覚が似てるって，大事だよ。
真紀：そうね。でも，だからといって，服まで似てなくてもいいよね。今日はなぜか２人ともブルーのセーター着てる。

3

順接と逆接を示す

コラム

「からには」

理由の「から」を使った表現に「からには」があります。「からには」は，**「こうだから，もちろん（絶対に）～」**ということを表します。たとえば，「やると言ったからには，途中でやめるわけにはいかない」「1度ルールを決めたからには，きちんと守ってください」などです。文の後ろには，覚悟や決心，義務など，話し手の気持ちや他者への働きかけを示す表現がよく来ます。ただし，「からには」は，**個人的な事情を主観的に述べる**ときに多く使われるため，「?台風が来ているからには，外出はやめたほうがいいよ」のように言うことはできません。これは「台風が来ている」ということが，自然発生的な内容だからです。この場合，「台風が来ているから，外出はやめたほうがいいよ」と述べるのが自然です。

4 程度を示す

「たかだか／たかが」

質問

「たかだか」「たかが」はほぼ同じ意味だと習ったのですが,「たかだかバイトだと思っていたが，やってみると意外と楽しい」は何か不自然だと言われました。どうしてですか。

例

（1）

真紀：さっきの試験，できた？
由美子：あまりできなかった。やっぱりたかだか数時間の勉強だけでは，だめだね。
真紀：日頃の勉強が大事ってことだね。
由美子：そう。それに，試験に集中できなかったんだよね。

（2）

真紀：どうして集中できなかったの？
由美子：前の席に座ってる人がゴホゴホ咳をしてて。
真紀：たかが咳だけど，それは気になるね。

解説

【1】「たかだか」の意味・用法

「たかだか」を漢字にすると「高々」となり，高い様子を意味します。この「たかだか」は,**「高く評価しても大したことはない」**ということを意味し,「たかだか」のあとに来る**数量や程度，発言などが「大したことはない」**と

軽視する気持ちを表します。たとえば，例（1）の［たかだか数時間の勉強だけでは，だめだね］という文は，「大して多くない勉強時間では，だめだ」ということを意味しています。ほかにも，「たかだか上司に『言い訳は聞きたくない』と言われたくらいで，落ち込まないでください」と言った場合，「上司に『言い訳は聞きたくない』と言われたことは，大したことでない」と伝えています。このように，**「くらい」「程度」**などといっしょに使われることが多いです。

ただし，「たかだか」は話し手の推測や気持ちを表す場合に使われるため，話し手が事実を述べる場合には使えません。たとえば，「?近道を使ったら，駅までたかだか 10 分で行けた」はおかしく聞こえます。というのも，「10 分で行けた」は事実だからです。この場合，「たった（わずか）10 分で行けた」などと述べたほうが自然です。

【2】「たかが」の意味・用法

「たかが」を漢字にすると「高が」となります。**「大したことはない」**ということを意味し，「たかが」の後の**事物（名詞・名詞句・名詞節など）が「取るに足らない，問題にするほどのことではない」などと軽視する気持ち**を表します。たとえば，例（2）の［たかが咳だけど，それは気になるね］というのは，「咳はそこまで大きな問題ではないけど，気になる」という意味を表しています。また，「たかが上司に『言い訳は聞きたくない』と言われたくらいで，落ち込まないでください」という文は，「上司の発言は取るに足らない」という気持ちを表し，「それに対して落ち込む必要はない」ということを述べています。このように，ある発言を軽視する場合は「たかだか」と使い方が共通することも多いです。

【3】「たかだか」と「たかが」の違い

「たかだか」は，**数量や程度，発言などを評価する**場合に使われます。それに対して，「たかが」は，出来事や事態などのように，**事物そのものを評価する**場合に使われます。そのため，例（2）の［たかが咳だけど，それは気になるね］を［?たかだか咳だけど，それは気になるね］のように言うと，不自然になります。これは，「咳」という現象そのものを評価しているからです。また，冒頭の質問にあるように，「?たかだかバイトだと思っていたが，やってみると意外と楽しい」は文の落ち着きが悪いのですが，「たかがバイトだと思っていたが，やってみると意外と楽しい」なら自然に聞こえます。これも，「たかが」が「バイト」のような名詞そのものを評価する場合に使われるためです。

提示例文

「たかだか」

ホワイト：先日の新製品発表会，集まってもたかだか100人ぐらいかと思っていたんですが。
小沢：結局，何人来たの？
ホワイト：集計したら，なんと350人超えていました。

工藤：来週の会議，先方の事情で延期になるかもしれない。
小沢：えーそうなんですか。大変ですね。
工藤：いやあ，延びるといってもたかだか2，3日程度だと思うよ。

由美子：駅前に最近できたカフェ，行ってみない？
真紀：えー。あそこ，いつも並んでるよ。入るまで結構待つでしょう？
由美子：そこまでかからないと思うよ。待つったって，たかだか20分くらいだと思うよ。

「たかが」

ホワイト：先週末オープンしたあのカフェ，行きましたか。
小沢：いやあ，たかがコーヒー1杯に2,000円も取られるところ，なかなか行けませんよ。
ホワイト：確かにそれは高いですね。

工藤の妻：翔太が映ってる運動会のビデオ，見る？
工藤：うん。よく撮れてるね。たかが子どもの運動会だと思ってたけど，こんなに盛り上がるとは思ってなかったよ。

由美子：先輩は学生時代，何に１番力を入れましたか。

ホワイト：アルバイトかな。たかがバイトだと考えちゃうけど，そこからいろんな知識や経験が得られるから，社会人になってから役に立つことが本当に多いよ。

「たかが／たかだか」

小沢：商品開発で何がもっとも大切ですか。

工藤：ネーミングかな。たかが商品名なんだけども，名前１つで売上げに差が出るから。

小沢：そうなんですね。じっくり商品名を考えるようにします。
あ，それと，宣伝についてご相談なんですが，新聞や雑誌に広告を出したほうがいいでしょうか。

工藤：たかだか１回広告を出すために，何百万円もお金をかけるのは額として多いと思うから，どこに出すかをよく検討したほうがいいと思うよ。

程度を示す

「ちょっと／ちょっとした」

質問

日本語では，「ちょっと」がいろんな場面で使われているのを聞くのですが，どういう使い方ができるんですか。それから，「ちょっとした風邪」「ちょっとしたお金」などの「ちょっとした」はどんな意味ですか。

例

（1）

由美子：うわあ！　そのケーキ，おいしそう。
真紀：いいでしょう？
由美子：ちょっとだけ食べてもいい？
真紀：うん，いいよ。

（2）

ホワイト：あ，あ，あ，あ。
小沢：先週から声がおかしいですね。
ホワイト：ええ。ちょっとした風邪だからすぐ治ると思ってたんだけど，ぜんぜんよくならないんですよね。
小沢：無理しないでくださいね。

解説

【1】「ちょっと」の意味・用法

「ちょっと」の意味・用法を大きく５つに分けて考えてみます。

①**程度や数量，時間の少なさ**を表す「ちょっと」です。文字通り少ないことを表します。たとえば，例（1）の［ちょっとだけ食べてもいい？］は，少量食べてもいいか許可を求めています。ほかにも「今，財布にちょっとしかお金がない」「あともうちょっとでそちらに着きます」なども，この例です。

②**語気を和らげる**「ちょっと」です。この「ちょっと」は，ことばの調子を柔らかくするために使われます。たとえば，「この料理，ちょっと変な味がします」は，「この料理，変な味がします」と比べて，語気が和らぐため，きつくない印象になります。ほかにも，「あの言い方はちょっと失礼だと思う」「ちょっと聞いてみただけ」などの文も考えられます。

③**遠慮や申し訳ない気持ち**を表す「ちょっと」です。たとえば，誰かに誘われた場面で，遠回しに断ろうとして発せられる「今日は予定があるので，ちょっと……」などです。この文では言いさし表現（⇒ p. 12）として使われています。

④**呼びかけ**の「ちょっと」です。たとえば，飲食店などで店員を呼ぶときに使用される「あの，ちょっとすみません」です。

⑤**「まあまあ」「結構」**の意味を表す「ちょっと」です。たとえば，「最近，このカフェがちょっと気に入っている」「勉強がちょっと楽しくなってきた」などです。これらの「ちょっと」は，「まあまあ」「結構」で言い換えることができます。

【2】「ちょっとした」の意味・用法

「ちょっとした」は，〈ちょっとした N〉の形で使われます。**「程度が大したことではない」「わずかな」**という気持ちを表します。たとえば，例（2）の［ちょっとした風邪だからすぐ治ると思ってたんだけど，ぜんぜんよくならない］という文の場合，この話し手は大したことない風邪だと思っていたのです。ほかにも，「これ，ちょっとした物だけど，よかったら食べてみて」と言った場合，「それほど高価な物ではない」という謙遜した気持ちを表します。

ただし，**「かなりの」「なかなかの」**ということを直接的に言わず，あいまいにして間接的に伝える場合でも，この「ちょっとした」は使われます。たとえば，「ちょっとしたお金が手に入ったから，おごりますよ」などです。

人に食事をご馳走する場合，ある程度のお金が必要だと考えられますが，この文では謙遜して逆説的に「ちょっとしたお金」と述べています。

提示例文

「ちょっと」

真紀：今日，授業終わったら，レストラン行こう！
由美子：ごめん。今，財布にちょっとしかお金がないから，また今度でいい？
真紀：うん，わかった。

小沢：今日の午後，ちょっと時間ありますか。
ホワイト：ありますよ。
小沢：昼休みが終わったら，新プロジェクトのことでちょっと相談したいんですが，いいですか。
ホワイト：ええ，いいですよ。

アリ：真紀さん，この前借りた本，まだちょっとしか読めてないので，来週まで借りていてもいいですか。
真紀：うん，いいよ。あの本，おもしろいけど，ちょっと読みにくいもんね。

ホワイト：あ，小沢さん。ちょうどよかった。
小沢：はい，何でしょうか。
ホワイト：今晩仕事終わりに，みんなといっしょに飲みに行きませんか。
小沢：今晩ですか。すみません，今日はちょっと予定があるので……。

（レストランにて）
工藤：あの，ちょっと。
店員：はい，何でしょうか。
工藤：おしぼりを１つもらえますか。
店員：かしこまりました。

茂：どこでランチする？
真紀：ABC カフェは？　私，あそこの雰囲気，ちょっと好きなんだよね。
茂：いいよ。じゃあ行こう。

「ちょっとした」

茂：今晩，どこで晩ご飯食べようか。
真紀：う〜ん，あんまりお腹空いてないなあ。しげ君，飲みたかったんだよね。ちょっとしたおつまみみたいなものがある所にする？
茂：わかった。じゃあ，駅前の焼鳥屋さんにしようか。

小沢：今日，いっしょに飲みに行きませんか。おごりますよ。
ホワイト：え，いいんですか。
小沢：はい，ちょっとしたお金が入ったので。
ホワイト：ありがとうございます。

小沢：Y 社の田中部長の出身地，工藤さんと同じだって聞きましたが，本当ですか。
工藤：そうなんだよ。この前聞いてびっくりしちゃった。田中さんの家は，地元ではちょっとした名士なんだよ。
小沢：へえ，なんか雰囲気ありますよね。

「ちょっと／ちょっとした」

アリ：文学部の森田さんって知ってますか。
真紀：うん，知ってるけど，どうしたの？
アリ：いや，ちょっと聞いてみただけです。森田さんとは仲いいんですか？
真紀：うーん，ちょっとした仲っていったところかな。
アリ：ちょっとした仲？
真紀：遊んだことはないけど，話したことはあるよ。

6 不可能を示す

「ないで（ずに）はいられない／てはいられない」

質問

2グループ動詞「いる」の可能形は「いられる」で，ない形は「いられない」ですよね。その「いられない」を使った「笑わないではいられない」「笑わずにはいられない」「笑ってはいられない」はそれぞれどう違いますか。そして，どのように使ったらいいですか。

例

（1）

工藤：小沢さんの机の上には，いつも花があっていいね。
小沢：花が好きで，見ると買わ**ないではいられない**んですよね。

（2）

由美子：最近，なんだか憂うつそうだけど，大丈夫？
真紀：え……うん。
由美子：何があったか教えてよ。これ以上，真紀の悲しそうな顔を見**てはいられない**よ。
真紀：実は先週，彼氏とケンカしちゃったんだよね。

解説

【1】「ないで（ずに）はいられない」の意味・用法

「いられない」は**不可能**を示し，「いることができない」ということを表します。そのため，〈V ないで（ずに）はいられない〉は，**「それをしない状態**

でいることはできない」ということを意味します。たとえば，例（1）の［花を見ると買わないではいられない］は，「花を買わない状態でいることができない」つまり「花を買いたくなる」「花を見ると買ってしまう」ということを表します。ほかにも，「あのテレビは面白くて，笑わずにはいられなかった」「写真を見て，家族を思い出さないではいられない」「こんなに天気がいいと，散歩せずにはいられない」などの文も考えられます。これは，「笑わない状態でいることはできない」「思い出さない状態でいることはできない」「散歩しない状態でいることはできない」ということを表します。「笑う」「思い出す」「散歩する」などのように感情や思考，動作を示す動詞がよく使われます。「ず」は，「ない」の古い形ですが，「ずにはいられない」のほうが「ないではいられない」よりも多く使われます。この「～ないではいられない」「～ずにはいられない」は，ない形が2つあるので，どちらも二重否定の表現です（⇒ p. 8）。

「ほしい」「～たい」は，主語が第三者の場合，「キムさんはカメラがほしいようだ」「佐藤さんは水を飲みたいらしい」などとなります（⇒『初級編』p. 128, 134）。「ないで（ずに）はいられない」も同様で，他人の心理状態なので，第三者を主語にして述べる場合は「小沢さんは花を見ると買わないではいられないようだ」「手紙を読んで，田中さんは泣かずにはいられなかったらしい」のように，「ようだ」「らしい」などを後ろに使う必要があります。

【2】「てはいられない」の意味・用法

「いられない」は**不可能**を示すので，「てはいられない」は**「ずっとその状態でいることはできない」**ということを表します。たとえば，動詞を用いた〈V てはいられない〉では，例（2）［これ以上，友だちの悲しそうな顔を見てはいられない］という文があります。この文は，「悲しそうな顔をずっと見ている状態でいることはできない」と述べています。ほかにも，「こんな状況で笑ってはいられない」は「笑っている状態でいることはできない」と言っています。

〈N／NA ではいられない〉だと，「いつまでも子どもではいられない」「環境問題に無関心ではいられない」という例文が考えられます。これは，「ずっと子どもの状態でいることはできない」「環境問題に無関心な状態でいることはできない」ということを表しています。

6
不可能を示す

他人を主語にして「てはいられない」を使う場合は，「由美子は真紀が泣いているのをこれ以上見てはいられないようだ」「兄は明日，試験があるので，家でのんびりしてはいられないらしい」のように，「ようだ」「らしい」などを使う必要があります。

提示例文

「ないで（ずに）はいられない」

由美子：昨日のドラマ，見た？
真紀：見てない。そんなに面白かったの？
由美子：うん，すっごく。もう泣かずにはいられないくらい感動する話だった。

小沢：経理の金子さんって知ってますか。
ホワイト：知ってますけど，話したことはないです。どうしたんですか。
小沢：昨日，飲み会で隣の席になったんですが，喋らないではいられないって感じで，ずっと話しかけられて，疲れてしまいました。
ホワイト：それは大変でしたね。

真紀：うわあ，美味しそう。それ何？
アリ：ストロベリーチョコレートケーキです。
真紀：甘そうだけど。
アリ：はい，すごく甘いです。でも，いちごもチョコレートも大好きなので，いっしょになったケーキを見ると，買わずにはいられなくて。

ホワイト：新商品のレポート，書き終わりましたか。
小沢：はい。昨日，無事に終わりました。
ホワイト：あの量を１人で書いたんですか。
小沢：いえ，実は岡田さんが手伝ってくれたんです。
ホワイト：なるほど。岡田さんは困っている人がいたら，助けずにはいられない性格ですからね。

「てはいられない」

真紀：何してるの？

由美子：今，就職活動の自己分析をしてるの。

真紀：私もそろそろ教員採用試験の準備をしないと。のんびりしてられないなあ。

ホワイト：小沢さん，どうしたんですか。

小沢：今朝，会議で新しい企画を提案したんですが，OK がもらえず，次回の審議まで保留になっちゃって。

ホワイト：保留なら，まだチャンスはありますよね。練り直せば，絶対大丈夫ですよ。

小沢：そうですね。こんなところで落ち込んではいられないですね。気持ちを切り替えて，頑張ります！

工藤：今日は疲れてそうだし，僕が料理を作るよ。

工藤の妻：いや，包丁の使い方が危なくて，見てられないから，私が作るよ。

「てはいられない／ずにはいられない」

アリ：真紀さんはいつも教育関係の本を読んでますね。

真紀：将来，小学校の先生になりたいって思ってるから，教育に関する問題には無関心ではいられないんだよね。

アリ：そうなんですね。

真紀：ところで，週末の３連休，どこか行く？

アリ：九州に行く予定です。

真紀：本当に旅行が好きだね。

アリ：ええ。休みがあったら，旅行せずにはいられないんです。

7 不可能と可能性を示す

「かねる」「かねない」

質問

「賛成しかねる」のように，動詞の後に「かねる」が使われると，「できない」の意味になるようなんですが，ない形じゃないのにどうしてですか。反対に，動詞の後に「かねない」が使われると，「できる」の意味になるんですか。

例

（1）

アリ：オンライン・ショッピングをしていたら，「返金はできかねます」って書いてあったんですが，これはどういう意味ですか。

真紀：それは「返金できない」「お金は返せない」っていう意味。

（2）

アリ：じゃあ「～かねません」は「できる」の意味ですか。

真紀：いや，「かもしれない」っていう意味だよ。 たとえば，「その発言は問題になりかねない」みたいな使い方。

アリ：へぇ，知りませんでした。面白いですね。

解説

【1】「かねる」の意味・用法

「かねる」を漢字にすると「兼ねる」となり，「1つのものが，複数の働きをする」ということを意味します。たとえば「人事部長の中山さんは，総務部長も兼ねている」のように使われます。〈V ~~ます~~＋かねる〉の場合は，**「そ**

れをすることはできない」「それは難しい」ということを表します。「本当はそうしたいところなのだが，なかなかできない」というように，相反する2つの気持ちを兼ねた状態だと言えるでしょう。例（1）の［返金はできかねます］は「返金したいところだが，できない」ということを表します。同様に，「その意見には賛成しかねる」は，「その意見に賛成するのは難しい」ということを表しています。「〜かねる」は硬い表現で，改まった場面や書きことばでよく使われます。また，直接的に「できない」と述べるのを避けるためにも用いられます。

ただし，「?私は泳ぎかねる」「?この道は通りかねる」などのように，能力や物理的状況などに関しては基本的に使えないため，「私は泳ぐことができない（泳げない）」「この道は通ることができない（通れない）」などと述べる必要があります。

また，「かねる」を使った慣用表現として「見るに見かねる」があります。これは**「見ているだけでは我慢できない」**ということを表します。たとえば，「困っている後輩を見るに見かねて，助けてあげた」という文は，「見ているだけでは我慢できずに，後輩を助けた」ということを表しています。

あわせて，「決めるに決めかねる」という慣用表現もあります。これは**「決めたくても，なかなか決められない」**ということを表します。例文として「進路をどうするか，決めるに決めかねている」が挙げられます。

【2】「かねない」の意味・用法

〈V ~~ます~~＋かねない〉は，**「〜かもしれない」「〜恐れがある」**という意味になります。たとえば，例（2）の［その発言は問題になりかねない］という文は，「問題になるかもしれない」という意味です。ほかにも，「毎回，授業を休んでいると，単位を落としかねない」は，「単位を落とす恐れがある」ということを表します。「〜恐れがある」という意味になることからもわかるように，「〜かねない」は，よくないことが起こりそうな場合に使われるため，「?この成績なら，合格できかねない」は間違いになります。「この成績なら，合格できるかもしれない（合格できる可能性がある）」と言えば自然になります。「〜かねる」同様，「〜かねない」も硬い表現なので，改まった場面や書きことばでよく使われます。

提示例文

「かねる」

工藤：すみません。これ，間違えて買ってしまったので，返品したいんですが。

店員：いつ購入されましたか。

工藤：1 か月前くらいです。

店員：申し訳ございません。2 週間以上前だと，返品できかねるのですが。

工藤：そうなんだ。困ったなあ。

ホワイト：次の夏休み，どこに行きますか。

小沢：うーん，日本を旅行するか，海外に行くか，決めかねています。

ホワイト：どっちも行ったら，いいんじゃないですか。

小沢：確かにそうですね。

（商品企画の会議で）

社員：小沢さんの企画，基本的には賛成ですが，11 月の発売については賛成しかねます。

小沢：もっと早く発売したほうがいいということでしょうか。

社員：いえいえ，逆です。クリスマス商戦に合わせたほうが，インパクトがあるのではないかと思うので，もう少し遅くしてはどうでしょうか。

新入社員：工藤さん。夏に 10 日間，まとまった休みを頂くことはできますか。

工藤：できないことはないと思うけど，今の段階では何とも言いかねるね。

新入社員：そうですか。

「かねない」

小沢：顔色悪いけど，大丈夫ですか。

ホワイト：このぐらい平気です。今日は大事なプレゼンがありますから。
小沢：でも，放っておくと，もっと悪くなりかねないから，早くお医者さんに診てもらったほうがいいですよ。
ホワイト：そうですね。じゃあ，昼休みにクリニックへ行って診てもらいます。

工藤：来週先方に提出する資料のことなんだけど。
小沢：はい。
工藤：この「多少」という表現は，あいまいで誤解を与えかねないから，具体的な数字を書いてもらえる？
小沢：はい，修正します。

ホワイト：すみません。今，間違えて工藤さんにメールを送ってしまいました。
工藤：メールを送るときは，宛先をちゃんと確認してくださいね。メールのミスは，トラブルを引き起こしかねないから。
ホワイト：はい，気をつけます。

小沢：ホワイトさんは週末，ボランティアに行ったんだって？
ホワイト：うちも神戸の大震災のときは，ボランティアの人に本当にお世話になったから，少しでも役に立つかなと思って。
小沢：大変だった？
ホワイト：今回の火山噴火は土砂災害がひどかったんですが，1歩間違えれば，大火災につながりかねないところだったので，びっくりしました。次の週末もちょっと行ってきます。

「かねる／かねない」

小沢：今年入社した山田さん，少し遅刻が多いですね。
工藤：うん，私も見るに見かねて，昨日注意したよ。
小沢：このまま，遅刻を続けていたら，総務から注意を受けかねないですね。
工藤：そうならなきゃいいんだけど。

期間・期限を示す

「あいだ／うち／まで」

質問

「あいだ」「あいだに」はそれぞれ何が違いますか。また，「夏休みのあいだに，資格を取りたい」「夏休みのうちに，資格を取りたい」のように，似た表現として「うちに」もありますが，どう使い分けるんですか。それから，「まで」「までに」の使い方も教えてください。

例

（1）

工藤：私が会議に出ているあいだ，お客さんの対応をしてくれないかな？
小沢：はい，わかりました。

～会議後～

工藤：会議のあいだに，誰かから電話来た？
小沢：いいえ，来ませんでしたよ。

（2）

由美子：29 日の夜，空いてる？　いっしょにカラオケ行かない？
真紀：手帳，確認してみるね。あ，大丈夫！　忘れないうちに，書いておこう。「29 日の夜，由美子とカラオケ」と。

（3）

アリ：すみません。そちらの病院，何時まで開いていますか。
受付：午前は 12 時までですが，受付は 11 時半までにお越しください。
アリ：わかりました。では，あとで行きます。よろしくお願いします。

解説

【1】「あいだ」の意味・用法

初級文法では「郵便局はレストランと公園の間にあります」のように物理的な位置を示すときに,「間」が使われますが, 期間を示す場合にも「あいだ」が使われます。この「あいだ」は, **「その期間ずっと」**ということを表します。例（1）の［私が会議に出ているあいだ, お客さんの対応をしてくれないかな？］は,「会議中, ずっとお客の対応をしてほしい」ということを述べています。ほかにも,「夏休みのあいだ, ずっと沖縄にいた」「友だちを待っているあいだ, ずっと本を読んでいた」などの例文も考えられます。これらの文は,「その期間中, 動きや状態がずっと続くこと」を表します。

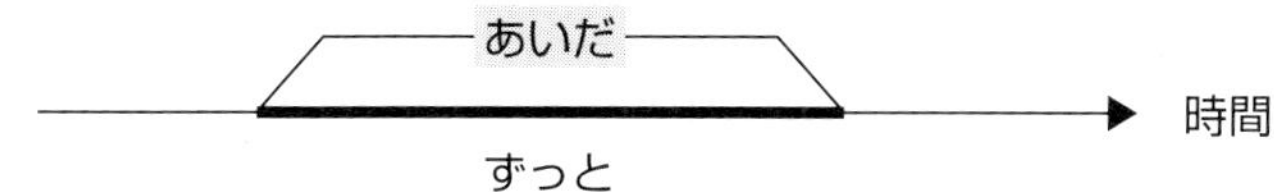

【2】「あいだは」の意味・用法

「あいだ」に, 主題を示す「は」(⇒ p. 4) を接続させ,「あいだは」と述べることも可能です。この場合,「その期間中に関して言うと」のように, その期間を取り立てて述べることになります。たとえば,「夏休みのあいだは, ずっと沖縄にいた」「友だちを待っているあいだは, ずっと本を読んでいた」などです。

【3】「あいだに」の意味・用法

「あいだ」という語に, 時を示す「に」が合わさると「あいだに」となります。この「あいだに」は, **「その期間のどこかで」**という意味を持ちます。たとえば, 例（1）の［会議のあいだに, 誰かから電話来た？］は,「会議中のどこかで電話が来たかどうか」を尋ねています。ほかにも,「夏休みのあいだに, 資格を取りたい」「暇なあいだに, 宿題をやってしまおう」「友だちを待っているあいだに, 地震が起きた」などの文は,「その期間のどこかで, 何かをすること（何かが起こること)」を表します。したがって,「あいだ」とは違い，後ろの文で述べられる動きや状態は継続しません。たとえば，「？友だちを待っているあいだに，ずっと本を読んでいた」は間違いです。「友だちを待っているあいだ，ずっと本を読んでいた」と述べなければなりません。

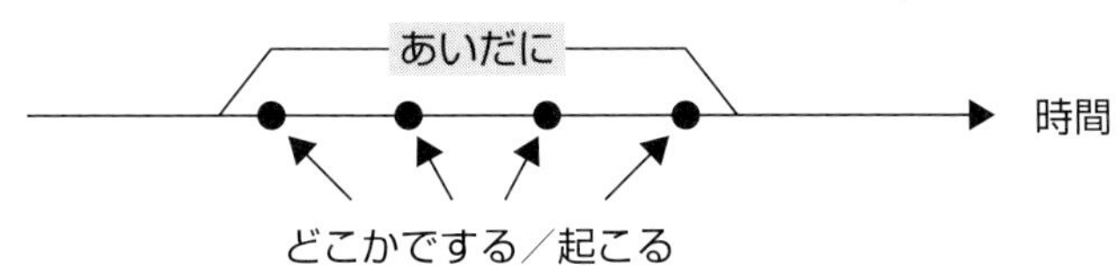

【4】「うちは」の意味・用法

「うち」を漢字にすると「内」になり，ある範囲の中を意味します。この「うち」に，「は」が合わさると「うちは」になり，**「その期間中はいつも（ずっと）」**という意味を表します。「は」が使われているので，**「その期間が過ぎたら，状況や事態は変わる」**ということを示します。たとえば，「学生のうちは，時間がある」「外が暗いうちは，出かけないほうがいい」「自分が不幸だと思っているうちは，幸せになれない」などです。これらの文は，「学生でなくなると，状況は変わる」「明るくなれば，大丈夫だ」「不幸だと思わなくなったら，事態は変化する」などのようなニュアンスも含まれます。

ない形を使った「～ないうちは」だと，**「何かをしない（何かが起こらない）期間中はいつも（ずっと）」**という意味になります。上で述べたように，「それが過ぎたら，状態や事態は変わる」というニュアンスも含んでいます。たとえば，「仕事がわからないうちは，先輩によく聞いてください」という文では，「最初は先輩に聞いて，仕事に慣れてきたら自分で考える」ということを表しています。

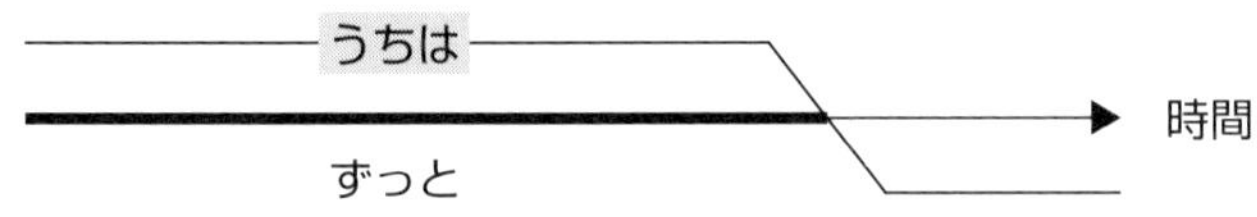

【5】「うちに」の意味・用法

「うち」に，時を示す「に」が合わさると「うちに」となって**「期間内に何かをする（何かが起こる）」**ということを表します。**「期間が過ぎると，それは難しい（できない）ので，その前に」**というニュアンスが含まれます。たとえば，「学生のうちに，たくさん本を読むつもりだ」「暇なうちに，宿題を終わらせよう」「晴れているうちに，散歩した」などです。これらの文は，「社会人になると，読書する時間がなくなるので，その前にするつもりだ」「忙しくなると，宿題をするのが難しくなるので，その前にする」「天気が悪くなると，散歩ができないので，その前にした」などのようなニュアンスが含まれます。また，「練習しているうちに，泳げるようになった」という文のように，**いつの間にか変化が起こる**ときにも使われます。

ない形を使った「～ないうちに」だと，**「何かをしない（何かが起こらない）期間内に，ある行為をする」**という意味になります。**「それが過ぎてしまったら，難しい（できない）ので，その前に」**というニュアンスも含んでいます。たとえば，例（2）のように［忘れないうちに，手帳に予定を書いておく］という文では，「忘れてしまうと，書けなくなるので，忘れる前にメモする」ということを表しています。同様に，「忙しくないうちに，資料を作っておこう」は「忙しくなると，できなくなるので，その前に作っておく」ということを表しています。

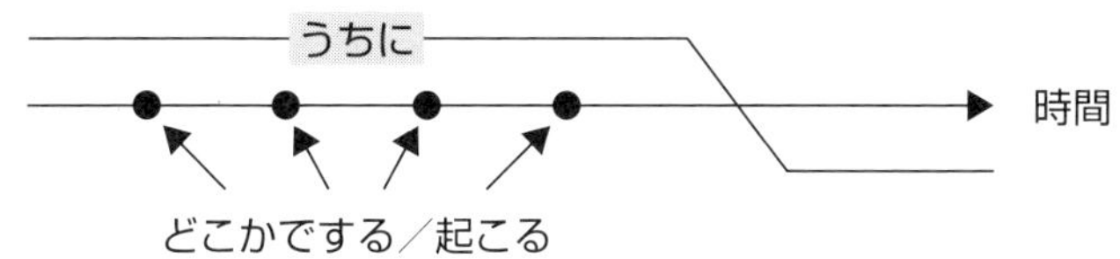

【6】「あいだに」と「うちに」の違い

「夏休みのあいだに，資格を取りたい」「夏休みのうちに，資格を取りたい」のように，「あいだに」と「うちに」はどちらも使えることがあります。しかし，「あいだに」は「その期間中のどこかで」ということを表し，「うちに」は「期間が過ぎると，それは難しい（できない）ので，その前に」ということを表すので，ニュアンスが違います。そのため，「友だちを待っているあいだに，地震が起きた」は自然ですが，「?友だちを待っているうちに，地震が起きた」だと不自然に聞こえます。その理由は，「うち」には「期間が過ぎる前に」というニュアンスがあるからです。この場合，単に期間の範囲を示す「あいだに」のほうが自然なのです。一方で，「熱いうちに，食べてください」とは言えますが，「?熱いあいだに，食べてください」だと不自然になります。なぜなら，「うちに」には「冷めてしまうと，おいしくなくなるので，その前に」というニュアンスがあるからです。同じく，例（2）〔忘れないうちに，手帳に予定を書いておく〕とは言えても，「?忘れないあいだに，手帳に予定を書いておく」だと不自然になります。これも，「忘れてしまうと，書けないので，その前に」というニュアンスがあるからです。

「練習しているうちに，泳げるようになった」のように，「いつの間にか変化が起こる」という場合には，「うちに」のほうが使われます。ただし，「知らないあいだに，指から血が出ていた」「知らないうちに，指から血が出ていた」という例文のように，ない形を使って「いつの間にか変化が起こる」ということを表す場合には，「～ないあいだに」「～ないうちに」の両方が使えます。

【7】「まで」の意味・用法

「まで」は，「午前 9 時から午後 5 時まで働く」「家から学校までバスで 20 分です」など「A から B まで」の形でよく使われ，期間や区間など**範囲の終点**を表します。加えて「駅まで行ってきます」のように**目的地**も表せます。時間を示す「まで」の場合，**「～までずっと」**という**継続の終点**を表します。たとえば，「12 時までレポートを書きます」は，今から 12 時までずっとレポートを書き続けるということを意味します。ほかにも「友だちが来るまで，本を読んで待とう」という例文は，友だちが来る時間までずっと本を読んで待つということを意味します。「あいだは」「うちは」と同様，「までは」のように述べて，その時間まで続くことを取り立てて述べることもできます。

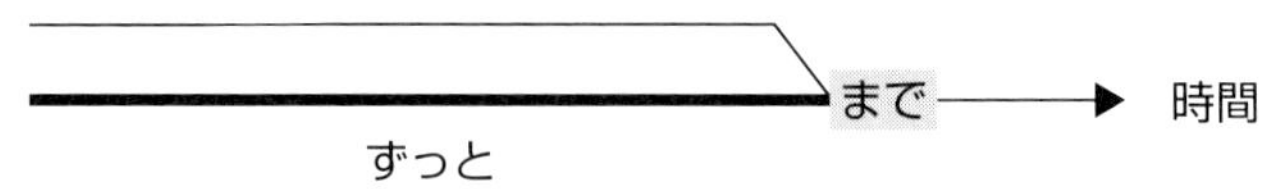

【8】「までに」の意味・用法

「まで」という語に，時を示す「に」が合わさると「までに」となります。この「までに」は，**期限や締め切り**を表します。たとえば，「12時までにレポートを書きます」と述べた場合，11時半に書き終えるかもしれませんし，11時59分に書き終えるかもしれません。つまり，期限までにその動作をし終えるということを表しているのです。ですから，例（3）の［午前は12時までですが，受付は11時半までにお越しください］という文は，病院が開いているのは12時までで，受付の期限は11時半までだと伝えています。ほかにも「友だちが来るまでに，宿題を終わらせよう」という例文では，「友だちが来るという期限より前に宿題を終わらせる」ということを意味しています。そのため，「?友だちが来るまでに，本を読んで待とう」は間違いで，「友だちが来るまで，本を読んで待とう」と述べなければなりません。

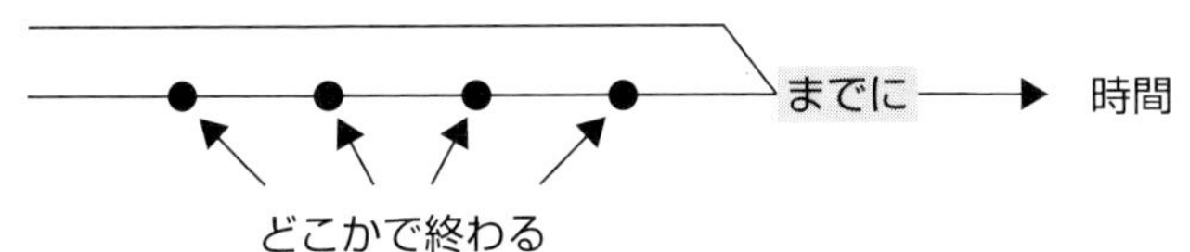

提示例文

「あいだ（は）」

由美子：真紀，カフェ行かない？
真紀：ごめん。今からゼミがあるから，6時まで待っててもらえる？
由美子：OK！　じゃあ待ってるあいだ，図書館で勉強してるね。

真紀：ああ，よく寝た。
アリ：えっ，授業のあいだ，ずっと寝てたんですか。
真紀：ううん，先生の話のあいだは，聞いてたんだけど，映画になったとたん，眠くなってしまって。映画のあいだは，多分ずっと寝てた。

真紀：だいぶ日に焼けたね。
アリ：うん。実は夏休みのあいだ，ずっと沖縄にいたんです。

「あいだに」

（待ち合わせで）

真紀：お待たせ。待った？
由美子：ううん。それよりも，真紀を待ってるあいだに，有名人見たよ。
真紀：え！　誰？

教員：今年の夏休みは短かったですが，みなさんどこか行きましたか。田原さんは夏休みのあいだに，どこか行きましたか。
真紀：北海道に行ってきました。

「あいだ（は）／あいだに」

由美子：ちょっとお願いがあるんだけど。
真紀：何？
由美子：トイレ行ってくるから，そのあいだ，私のバッグを見といてもらえない？
真紀：いいよ。

～由美子がトイレから帰ってくる～

真紀：トイレ行ってるあいだに，スマホ鳴ったよ。
由美子：ありがとう。

工藤：最近，久しぶりに夫婦で外食しちゃったよ。
ホワイト：いいですね。お子さんが小さいあいだは，なかなかご夫婦で出かけるのは難しいですか。
工藤：うん，子どもが寝ているあいだに行けるのは，せいぜい買い物ぐらいかな。

小沢：昨晩 11 時ごろ，地震がありましたね。
ホワイト：え，本当ですか。全然気がつきませんでした。昨日は疲れていたから，11 時にはもう寝ていたし。

小沢：結構大きな地震だったのに……ホワイトさんが寝ているあいだに大きな地震があったら大変ですね。
ホワイト：でも，寝ているあいだ，ずっと緊張しているわけにもいかないし……。気をつけます。

「うちは」
由美子：1時間目の授業って大変だよね。
真紀：本当に！　朝のうちは，家でゆっくりしてたいよね。

アリ：日本の3月は寒いですね。
真紀：その服だとかなり寒そう。朝晩が寒いうちは，コート着てきたほうがいいよ。

ホワイト：プレゼンテーションって難しいですね。
工藤：慣れないうちは，何度も鏡の前で練習したほうがいいよ。言ってくれれば，チェックするよ。
ホワイト：ありがとうございます。会議前にちょっとお願いします。

「うちに」
真紀：来週までの課題，いつする？
アリ：僕は今日時間があるから，今日のうちに，やるつもりです。
真紀：そうだよね。早く終わらせたほうがいいね。

ホワイト：天気，悪くなりそうですね。
小沢：ええ。雨が降らないうちに，今日は早く帰宅しようと思います。

真紀：アリさんはたくさん漢字，知ってるよね。難しくない？
アリ：最初は難しかったです。でも，何度も繰り返し練習するうちに，難しくなくなりました。
真紀：やっぱり何度も練習することが大事なんだね。

「うちに／うちは」

由美子：先輩はいつから就活の企業研究を始めましたか。

ホワイト：3年生の前期ごろかな。時間があるうちに，しっかり自己分析しておいたほうがいいですよ。

由美子：わかりました。就活に関して何かアドバイスありますか。

ホワイト：そうだなあ……学生のうちは，時間があるからいろいろな経験をしておいたほうがいいと思いますよ。

「まで（は）」

ホワイト：家から会社までどのぐらいですか。

小沢：徒歩と電車で30分くらいかかります。

取引先：営業時間を教えていただけますか。

ホワイト：月曜から金曜までは朝9時から夕方5時までで，土曜は朝9時から正午12時までです。日曜は定休日です。

由美子：今日までのレポート，もう出した？　終わってるなら，いっしょにカラオケに行こう。

真紀：ごめん。ほかにもやらなきゃいけない課題があるから，5時まで待っててくれる？

「までに」

（社内にて）

工藤：来週の打ち合わせで使う資料，作っておいてもらえる？

小沢：わかりました。いつまでに完成させればいいですか。

工藤：木曜日までにお願いします。

（取引先との電話で）

工藤：明日の打ち合わせですが，何時ごろまでに御社へ伺えばよろしいでしょうか。

取引先：そうですね。10時ごろまでにお越しいただけますか。

工藤：はい。では，そのころまでに伺います。よろしくお願いいたします。

「まで／までに」

ホワイト：駅までバスに乗らずに歩いて行きませんか。
小沢：え，遅くなりますよ。何時までに行かないといけないんだっけ？
ホワイト：打ち合わせは10時半だから，それまでに着ければいいと思うんですが……。
小沢：今出れば大丈夫そう。じゃあ，そうしましょう。

真紀：アリさん，図書館でそんなにたくさんの本借りて，全部読めるの？
アリ：夏休みが終わるまでに全部読んでしまおうと思っています。
真紀：すごい！　夏休み中は，いつまで借りられるの？
アリ：夏休みが終わる9月10日までだって言っていました。

工藤：ホワイトさん。今日，晩ご飯いっしょにどう？
ホワイト：行きたいですが，この資料，明日の9時までに完成させないといけなくて……。
工藤：まだ，時間かかりそう？
ホワイト：はい，多分8時ごろまでかかりそうです。すみません，今日は諦めます。

期間・間隔を示す

「おき／ごと」

質問

「10 分おきに 1 回」と「10 分ごとに 1 回」は同じ意味ですが，「1 か月おきに 1 回」と「1 か月ごとに 1 回」は違う意味になると聞きました。どうしてですか。何か規則はありますか。

例

（1）

アリ：駅から大学までのバスは 10 分に 1 本ですね。これを日本語では，「10 分おきに 1 本」「10 分ごとに 1 本」と両方の言い方ができますよね。

真紀：うん，同じ意味だよ。

（2）

アリ：じゃあ「1 か月おきに行く」と「1 か月ごとに行く」も同じですか。

真紀：ううん。「1 か月おきに行く」は「2 か月に 1 回」だけど，「1 か月ごとに行く」は「毎月行く」という意味になるんだよ。

アリ：え？　変わるんですか。

真紀：うん，そう。すごいところに気づいたね。

アリ：日本語，まだまだわからないことが多いです。

解説

【1】「おき」の意味・用法

「おき」を漢字にすると「置き」となり，**「間を置くこと」**を意味します。この「おき」は，時間や距離などを表す助数詞と共に使われます。たとえば，「30 分おきに窓を開けて空気を入れ換える」「10 メートルおきにハードルが置いてある」などです。これらは，「30 分間隔で 1 回窓を開ける」「10 メートル間隔でハードルがある」ということを表します。「おき」は「一定の間隔を置いて 1 つ」ということを意味します。

【2】「ごと」の意味・用法

「ごと」を漢字にすると「毎」になります。「毎日」「毎週」「毎月」などの単語からわかるように，**「常に決まって繰り返すこと」**を意味します。「ごと」は，時間や距離を表す助数詞といっしょに使われます。たとえば，「30 分ごとに窓を開けて空気を入れ換える」「10 メートルごとにハードルが置いてある」などです。これらは，「30 分単位で決まって 1 回窓を開ける」「10 メートル単位で決まってハードルがある」ということを表します。「ごと」は，「ある単位の中に決まって 1 つ」ということを意味します。

「ごと」は時間や距離を表す助数詞以外といっしょに使われる場合もあります。たとえば，「グループごとに話し合ってください」「家庭ごとにルールが違う」などで，この場合「それぞれのグループで」「それぞれの家庭で」のように**「それぞれの単位で」**という意味を持ちます。

【3】「おき」と「ごと」の違い

「おき」と「ごと」は似ているように思えますが，前に来る助数詞によって意味が変わります。たとえば，**「秒」「分」「時間」「距離」などの助数詞が使われる場合は，ほぼ同じことを指します。**ただし，ニュアンスは微妙に異なります。たとえば，例（1）のように［10 分おきに 1 本］と述べた場合，「10 分間隔で 1 本」のように，間隔を置くことを意味します。一方で，［10 分ごとに 1 本］と述べた場合，「10 分単位で決まって 1 本」のように，連続して繰り返すことを意味します。

「日」「週」「月」「年」など単位の大きい助数詞が使われる場合は，表す内

9

期間・間隔を示す

容が異なります。たとえば，例（2）にあるように［1か月おきに行く］と言った場合，間隔を1か月分空けるので「2か月に1度」つまり「隔月」ということを表します。これは，「日」「週」「月」「年」のように時間的間隔が広い助数詞だと，その分「間を空ける」というニュアンスが強まるためだと考えられます。一方で，［1か月ごとに行く］と言った場合，「1か月に1度」つまり「毎月」ということを表します。したがって，「2年おきに」は間隔を2年分空けるので「3年に1度」となり，「2年ごとに」は「2年に1度」となります。**「日」「週」「月」「年」などの助数詞が用いられる場合，「○おき」は「○＋1に1度」で，「●ごと」は「●に1度」のように考えると，**わかりやすいでしょう。

提示例文

「おき」

アリ：「社会学入門」の授業って，毎週小テストやるんでしたっけ？
真紀：いや。あの授業では1週間おきに，要するに隔週で小テストをするんだよ。

医師：起きているときは，この薬を6時間おきに飲んでください。
アリ：6時間に1回ですね。
医師：はい。それと体調をチェックするので，1日おきに体温を記録しておいてください。
アリ：1日1回計らなければなりませんか。
医師：いいえ，1日おきです。2日に1回ですよ。
アリ：あ，わかりました。

ホワイト：花粉症よくなりましたか？
小沢：ええ，薬がよく効いて楽になりました。
ホワイト：どのぐらい病院には行っているんですか。
小沢：治療で1週間おきに行っています。この季節は本当に辛い……。

「ごと」

教員：この授業では３週間ごとにテーマを変え，ミニレポートを書いてもらいます。つまり，３週間に１度レポートの提出がありますので，無断で授業を欠席しないようにしてください。

ホワイト：会社の新しい規則で，１時間ごとに社内の空気を入れ換えることになりましたね。
小沢：じゃあ，１時間経ったら窓を開けて換気しないといけないんですね。
ホワイト：そうです。

アリ：「自然と環境」の期末試験って何でしたっけ？
真紀：確かグループごとに，環境問題に関するテーマで20分間プレゼンテーションするのが課題だったと思うよ。

9

期間・間隔を示す

コラム

オノマトペ

「おき／ごと」の使い分けのように，学習者からすると不思議なように感じられる日本語表現はいろいろあります。たとえば，オノマトペもその１つです。オノマトペとは，「パチパチ」「モーモー」など実際に聞こえる音を表した擬音語や，「くるくる」「のろのろ」のように動きや状態を表した擬態語などを総称したものです。オノマトペは，そのことばだけで細かいニュアンスが伝えられるのですが，実は日本的なものの見方に根ざした表現でもあるため，日本語を母語としない人にとっては，使いこなすまでに時間がかかる場合も少なくありません。

たとえば，「ぴんぴんする」を「元気で，活動的な様子」とただ説明するのでなく，本書のような会話例で示すこともできます。以下のような例です。

アリ：先週まで休んでいた清水さん，元気になってよかったですね。
真紀：うん。もうぴんぴんしてるね。

会話例があると，実際の使い方や文脈なども把握できるため，理解しやすくなるのではないかと思います。

10 主張・確信を示す

「べきだ／はずだ／にちがいない」

質問

「頭が重い。風邪を引いたはずだ」と言ったら，「風邪を引いたにちがいない」のほうがいいと言われました。「はずだ」「にちがいない」の違いは何ですか。それから，「先生，もっと大きく文字を書くべきです」などとは言えないようなので，「べきだ」「はずだ」「にちがいない」が使える場面と使えない場面も教えてください。

例

（1）

ホワイト：小沢さん，ちょっといいですか。部長から次のプロジェクト・リーダーをやってみないかと言われたんですが，できるかどうか迷っていて……。

小沢：それはすごいですね。絶対にやる**べきです**よ。部長から声をかけられたのなら，断る**べきではない**と思います。頑張ってみたら，どうですか。

ホワイト：そうですね。ありがとうございます。

（2）

工藤：すみません。コピー機が使えないんですが，直し方を教えてもらえませんか。

総務：先週修理したばかりなので，そんなすぐに壊れる**はずがない**んですが。再起動はしましたか。

工藤：いいえ。

総務：それで動く<u>はずです</u>よ。
工藤：わかりました。ありがとうございます。

（3）
小沢：最近，谷口さん機嫌がいいですよね。
ホワイト：ええ，何かいいことがあった<u>にちがいない</u>ですね。

解説

【1】「べきだ」の意味・用法

「べき」は古語「べし」に由来します。現代では，**「～たほうがいい」「～のが当然だ」「～なければならない」**ということを強く述べ，**助言や忠告，考え，義務などを表す**ときに用いられます。たとえば，例（1）の［絶対やる<u>べきです</u>よ］は，「やったほうがいい」と相手に助言・忠告を述べています。ほかにも，「安全のために，小学生も携帯電話を持つ<u>べきだ</u>」「食事中は，黙って食べる<u>べきだ</u>」と述べた場合，前者の文は考えを主張しており，後者の文は一般的常識を伝えています。グループ3動詞の「する」に接続する場合は，「するべき」「すべき」2種類の言い方が可能です。

目上の人や親しくない人に対して「（あなたは）～べきだ」と忠告・助言するのは，失礼になります。たとえば，「?先生，もっと大きく文字を書く<u>べきです</u>」「?部長はもっと会議で意見を言う<u>べきです</u>よ」などは失礼な印象を与えるため，使用には注意が必要です。

また，「試験期間中，もっと勉強する<u>べきだった</u>」のように自分を主語にして「べきだった」と言う場合は，**後悔や反省**を表します。

【2】「べきではない」の意味・用法

「べきではない」は，**「～ないほうがいい」「～ないのが当然だ」「～てはいけない」**ということを強く述べ，**助言や忠告，考え，禁止などを表す**ときに用いられます。たとえば，例（1）の［断る<u>べきではない</u>と思います］は「断らないほうがいい」と相手に助言・忠告を述べています。ほかにも，「子どもは携帯電話を持つ<u>べきではない</u>」「食事中は，口に物を入れたまま話す<u>べきではない</u>」と言った場合，前者の文は考えを主張しており，後者の文は一般的常識を述べています。

「べきだ」と同じく，目上の人や親しくない人に対して「(あなたは) ～べきではない」と忠告・助言するのは，失礼になります。たとえば，「?先生，文字を小さく書くべきではありません」「?部長は後輩の意見をすべて否定するべきではないですよ」などです。

また，「試験期間中，あんなに遊ぶべきではなかった」のように自分を主語にして「べきではなかった」と言う場合は，**後悔や反省**を表します。

【3】「はずだ」の意味・用法

「はず」を漢字にすると「筈」となります。これは「手筈」などの熟語で使われる漢字で，「当然の流れ」ということを意味します。ここでは，「はずだ」の意味・用法を大きく３つに分けて見ていきましょう。

①**ある事実や情報をもとにして，話し手が論理的に推測を述べるときに使われます。**たとえば，例（2）の［それで動くはずですよ］という文は，「まだ再起動を試していない」という情報をもとに，コピー機の動かし方を述べています。ほかにも，「今日は週末だから，店は混んでいるはずだ」という文は，週末という事実をもとに話し手が混雑具合を推測しています。

②**当然だと思うことや予想が違っていたときに使われます。**たとえば，「高橋さんは出張中のはずだが，今日なぜか会社に来た」という文です。このように「はずだが」「はずなのに」など逆接表現と共に多く使われます。特に，過去形の「はずだった」「はずではなかった」は，基本的にこの意味・用法で使われます。例としては，「本当なら今頃海外にいるはずだったが，病気になってしまい，今病院にいる」「テストで悪い点を取ってしまった。こんなはずじゃなかったのに」などです。これらの例文が示すように，**意外な気持ちや残念な気持ち**を表す場合によく用いられます。

③**ある事実や情報を知って，当然だと納得するときに使われます。**たとえば，「道理でにぎやかなはずだ。今日は祭りがあるのだ」という文は，祭りがあるという情報を知って，「にぎやかなのは当然だ」と納得しています。この「はずだ」は，「わけだ (⇒ p. 3)」で言い換えることもできます。

加えて，ない形との接続では「～ないはずだ」となります。「テレビで降水確率 10%と言っていたから，雨は降らないはずだ」「小林さんはコーヒーを全く飲まないはずだが，今日は飲んでいる」「太らないはずだ。あの人はご飯をほとんど食べないから」などの例文が挙げられます。

【4】「はずがない」の意味・用法

事実や情報をもとに，確信を持って，「そうではない」と判断を強く述べるときに用いられます。たとえば，例（2）の［そんなすぐに壊れるはずがない］は，「先週修理したばかりである」という事実をもとに，「壊れていない」と判断しています。ほかにも，「まじめな小林さんが，そんなばかなことをするはずがない」という文も，**「それはおかしい」「あり得ない**（⇒ p. 58）**」**ということを表します。この文は，「そんなばかなことはしないはずだ」とも言えますが，「はずがない」のほうが「ないはずだ」よりも主張は強くなります。この「はずがない」という表現は，強い印象を与え，目上の人や親しくない人に対して使うと失礼になる場合もあるため，注意が必要です。

また，ない形との接続も可能で「～ないはずがない」の場合は**「絶対にそうである」**ということを表します。たとえば，「この商品が売れないはずがない」は「この商品は絶対に売れる」という意味で，二重否定の表現です。

【5】「にちがいない」の意味・用法

「違いない」という漢字から想像がつくように，「にちがいない」は**「絶対にこうだ」「間違いない」などと確信した気持ち**を表します。たとえば，例（3）は，谷口さんの様子から「絶対に何かいいことがあったと思う」と述べています。ほかにも，「電気がついていないから，あの家は留守にちがいない」という例文も考えられます。この「にちがいない」は事実や情報に基づかなくても使えるので，**主観的，直感的に「こうだ」と述べる**ときに用いることができます。たとえば，冒頭の質問にあるように，「?頭が重い。風邪を引いたはずだ」よりも，「頭が重い。風邪を引いたにちがいない」のほうが自然です。このように，思い込みの度合いが高い場合には，「はずだ」ではなく「にちがいない」のほうが使われます。逆に，改まった場面で「にちがいない」を使うと，不自然に聞こえる恐れがあるので，注意が必要です。たとえば，社内会議で「この商品は高くても売れるはずです」とは言えても，「?この商品は高くても売れるにちがいないです」だとやや不自然に聞こえてしまいます。

提示例文

「べきだ」

由美子：就職活動をするうえで，何かアドバイスありますか。
ホワイト：最初に自己分析をきちんとしておくべきだね。自分はどんな仕事をしたいのかが，よくわかるから。

ホワイト：工藤さんのお子さんは休みの日，どう過ごしているんですか。
工藤：塾がないときは，朝からゲームばっかりやってるよ。天気のいい日は外で遊んでこいって言ってるけど，あまり行かないね。
ホワイト：子どもはもっと外で元気よく遊ぶべきだという議論がありますが，塾があったりして難しいですよね。

（電話で）
取引先：もしもし，工藤さんですか。新商品の件でご連絡したのですが。
工藤：申し訳ありません。こちらからお電話を差し上げるべきところ，先にご連絡を頂いてしまって大変申し訳ございません。

真紀：あーあ。
由美子：どうしたの？
真紀：今日のテストあんまりできなかった。もうちょっと真剣に授業を受けておくべきだったなあ。

「べきではない」

真紀：明日，台風来るんだって。
アリ：本当ですか。明日，海に行く予定なんだけど，どうしよう？
真紀：危ないよ。行くべきじゃないと思うよ。

工藤：来年の新入社員研修で伝えること，ほかに何かある？
ホワイト：最近気になっているんですが，スマホの充電を会社でしてるの，あれはいいんですか。
工藤：いや，だめだね。会社で個人の電話を充電すべきじゃないね。

真紀：お帰りなさい。夏休みの旅行，どうだった？
アリ：すごく楽しかったです。でも，ホテルを予約しないで行ったので，大変でした。
真紀：ホテルの予約，しないで行ったの？
アリ：何とかなると思ったんですが，やっぱりだめでした。予約もしないで行くべきではなかったと思います。ホテルを探すの，本当に大変でした。

「べきだ／べきではない」

ホワイト：この新商品のデザインについてどう思いますか。
小沢：もう少しシンプルにするべきではないでしょうか。今のデザインだと使いにくいと思います。
ホワイト：それから，価格をもっと安くするべきだという意見があるんですが。
小沢：あまり安くするべきではないと思うのですが……今の質を保つためには，これ以上値段は下げられないと思います。

小沢の先輩：女性は，職場にハイヒールを履いてくるべきだということを言い出した人がいるけど，どう思う？
小沢：その話，聞きました。でも，休みの日のデートならともかく，通勤にハイヒールなんて履いていられないと思うんですが。
小沢の先輩：本当そうだよね。絶対，疲れちゃうから，よほどのことがない限り，履いて行かない。大体，そんなこと，人にああだこうだ言われるべきじゃないと思うけどね。

アリ：最近の小学生がスマホを持つのは当たり前ですか。
真紀：そうね。当たり前かどうかはわからないけれど，かなりの小学生がスマホを持ってるんじゃない。
アリ：私は子どものころ，親に「子どもは携帯電話なんか持つべきではない」と言われていました。
真紀：私もそうだった。でも，今は危ないことがあったときのために，「小学生も持つべきだ」と考える親も多くなったみたいだね。

「はずだ」

取引先：商品のサンプルはいつごろ届くでしょうか。
小沢：おととい発送いたしましたので，そろそろ着くはずです。

ホワイト：このコーヒーメーカー，どうやって使うか，知っていますか。
小沢：スイッチを入れて，そのボタンを押せば動くはずですよ。

（電話で）
ホワイト：私の机に引き出しが４つありますよね。一番上の引き出しに封筒があるはずなんですが，見てもらえますか。
小沢：ちょっと待ってくださいね。
ホワイト：封筒に書いてある住所を教えてほしいんですが。
小沢：あれ？　封筒なんてないですよ。
ホワイト：えー入れたはずなんだけど。どうしよう。

真紀：どうして今日は駅前にこんなに人が多いんだろう？
由美子：あ，あのポスター見て。今晩，近くで花火大会があるんだって。
真紀：道理で人が多いはずだ。

「はずがない」

小沢：清水さんが企画したカラー消しゴム，かなり売れてますね。
工藤：意外だったね。会議で「その値段で売れるはずがない」って言ったんだけど，予想外に売れてるね。
小沢：新商品は何が起こるか予測できないから，面白いですよね。

ホワイト：工藤さんを見かけませんでしたか。
小沢：工藤さんは出張中ですよ。
ホワイト：そうなんですか。今朝，見かけたんですけど。
小沢：え，本当ですか。そんなはずないんですが。

真紀：さっきの期末テスト，どうだった？
アリ：完璧です。あれでA評価を取れないはずがないですね。
真紀：かなり自信があるんだね。

「はずだ／はずがない」

由美子：ユキ，国際寮のパーティー来るかな？
真紀：夜は予定ないって言ってたから，来るはず。
由美子：ユキが遅れるはずないんだけど，まだ来てないね。

「にちがいない」

アリ：太田さん，最近ちょっと落ちこんでいますね。
真紀：うん，きっと何か悲しいことがあったにちがいないね。

真紀：最近，絵美を誘っても来てくれないんだよね。
由美子：確かに。なんか最近，理学部の小林君とよく出かけてるらしいよ。
真紀：あーそれは彼氏にちがいないね。

真紀：わあ，すごい車！　誰のかな？
アリ：水口さんのらしいですよ。大学に乗ってきてるのかな。すごいですね。
真紀：あんな車に乗ってくるんだから，水谷さんのうち，お金持ちにちがいないね。

「はずだ／にちがいない」

真紀：どうしよう。あと1週間でレポート5つ完成させないと。できるかなあ。
茂：そんなの，できるわけがないよ。
真紀：そう？　私の友だちは先学期に6つ完成させたって言ってたから，できるはずなんだけど。
茂：いやいや，絶対無理だって！　うそでも言ってるにちがいないって。

「はずだ／はずがない／にちがいない」

真紀：麻里奈は遅刻常習者なんだから，待ち合わせの時間通りに来るわけないよ。

由美子：でも，昨日真紀が何度も言ったから，今日は遅れないで来るはず。

真紀：どうかな。時間通りに来たら，びっくりしちゃう。

～15 分後～

由美子：麻里奈，来ないね。

真紀：だから言ったでしょう。時間通りに来るはずないよ。

由美子：これは約束を忘れているにちがいないね。ちょっと電話してみる。

コラム

「得る／得ない」

本項では主張や確信などを示す「べき／はず／にちがいない」を解説しましたが，ほかにも主張や確信を示す表現として「あり得ない」があります。本コラムでは「得る／得ない」について紹介しましょう。

まず，「得る／得ない」の読み方です。辞書形「得る」の読み方は「える」「うる」の２通りですが，ない形の「得ない」は「えない」だけで，丁寧形「得ます／得ません」の場合も「えます／えません」だけです。

接続は〈V ~~ます~~＋得る／得ない〉のようになり，たとえば「考え得る解決策は２つだ」「テレビや新聞では知り得ない事実」のように用いられます。これらの文は，**「～ことができる／できない」**という意味になります。ほかにも，**「可能性がある／ない」**という意味もあります。たとえば，「睡眠不足は病気の原因になり得る」「それはあり得ない」などです。接続しやすい動詞としては，「考える」「知る」「想像する」「予測する」など思考を表す動詞や，「なす」「成功する」「実現する」のような達成を表す動詞，「ある」「存在する」「なる」「起こる」のように意志性を持たない動詞などが挙げられます。

ただし，「?私は泳ぎ得る」「?あの人は英語が話し得ない」などのように，個人的な能力に関しては使えないため，「私は泳ぐことができない（泳げない）」「あの人は英語を話すことができない（話せない）」などと述べる必要があります。

加えて，「禁じ得ない」という表現もあります。これは「（感情などを）我慢することができない」という意味です。「凶悪な事件に怒りを禁じ得ない」「佐藤さんからけがの話を聞き，同情の念を禁じ得なかった」のような使い方です。原則としてマイナスの内容を述べるときに使われます。

この「得る／得ない」は，改まった場面や書きことばなどでよく使われるのですが，「あり得る／あり得ない」は話しことばでもよく使われます。

11 極端な例を示す

「さえ／すら／でも」

質問

「さえ」と「すら」の使い方はほぼ同じだと習いました。でも，「これさえできれば，大丈夫」は正しいのに，「これすらできれば，大丈夫」はおかしいと言われました。どうしてですか。それから，「でも」も同じように使えると聞いたんですが，どうやって使うのですか。

例

（1）

真紀：アリさんはよく料理する？
アリ：全然しません。包丁さえ持ったことないです。

（2）

工藤：顔，腫れているけど，大丈夫？
ホワイト：実は昨日，親知らずを抜きました。
工藤：そうだったんだ。
ホワイト：今はうまく食べることすらできなくて。
工藤：大変そうだね。

（3）

由美子：この漢字，なんて読むの？
真紀：これは「山羊（やぎ）」だよ。多分，小学生でも読めるよ。
由美子：うそ？　知らなかった！

解説

【1】「さえ」の意味・用法

「さえ」は取り立て助詞です。**取り立て助詞とは，語を特別に際立たせる助詞のこと**です。「さえ」の意味・用法を3つに分けて考えていきます。

①**極端な例**は，「当然だと考えられることが，そうではない」という**意外な気持ち**を表します。たとえば，例（1）の［包丁さえ持ったことがない］という文では，「多くの人が持った経験があると思われる包丁を，持ったことがない」ということを表しています。この文のように「さえ」は，**「さえ～ない」**のように否定形と共によく使われます。また，「包丁を持ったことがない」が「包丁さえ持ったことがない」となるように，「を」のあった部分に「さえ」が用いられると，「を」は基本的に使われません。

さらに，「この問題は，私でさえできたのだから，簡単ですよ」のように，「さえ」が主格（「～が」で示される主語の部分）に接続するときは**「でさえ」**になることが多いです。ほかの格助詞（⇒ p. 96）「から」「まで」「で」「に」「へ」「と」などに接続する場合は，〈からさえ〉〈までさえ〉〈でさえ〉〈にさえ〉〈へさえ〉〈とさえ〉のようになります。たとえば，「家族からさえ留学に反対された」「けがで近くのスーパーまでさえ歩けない」「東京でさえ人口が減っている」「弟は私にさえ試験の結果を教えてくれない」「京都へさえ行ったことがない」「兄弟とさえけんかしたことがない」などです。動詞に接続する場合は，「あの人は忙しくて，会ってさえくれない」「あの人は誰とも会いさえしない」のように〈V て＋さえ〉〈V ~~ます~~＋さえ〉の形で使われます。ほかにも，「ただでさえ」という表現もあります（⇒ p. 75）。

②**最低限の条件**では，**「…さえ～ば」**の形で多く使われます。たとえば，「結論さえ決まれば，あとは簡単にレポートが書ける」という文の場合，結論を決めることがレポートを簡単に書くための最低条件であるということを述べています。

③**添加**では，「それだけでなく」というように情報をつけ加えます。たとえば，「風だけでなく，雨さえ降ってきた」などです。ちなみに「さえ」は，つけ加えるという意味の「添（そ）え」が語源だとされています。

「さえ」は，意志や願望，勧誘，命令，禁止などの表現といっしょに使うと不自然になるので，注意が必要です。たとえば，「?宿題さえ終わったら，友だちと遊びたい」「?宿題さえ終わったら，いっしょにご飯を食べに行こう」などです。この場合，「宿題が終わったら」と述べたほうが自然です。

【2】「すら」の意味・用法

取り立て助詞「すら」の意味・用法は２つです。

①**極端な例**では，「さえ」と同様に「すら」も**意外な気持ち**を表します。たとえば，例（2）の［今はうまく食べることすらできない］は，歯を抜くと不便なことがいろいろあるが，「極端な例として食べることも難しい」と述べています。このように，「すら」は，**「…すら〜ない」**のように否定形と共によく使われます。この例文は，「今はうまく食べることさえできません」と言い換えることができます。また，「顔を思い出せない」が「顔すら思い出せない」となるように，「を」のあった部分に「すら」が用いられると，基本的に「を」は使われません。また，主格に接続する場合は**「ですら」**の形になることが多いです。たとえば，「この問題は，私ですらできたのだから，簡単ですよ」などです。ほかの格助詞「から」「まで」「で」「に」「へ」「と」などに接続する場合は，〈からすら〉〈まですら〉〈ですら〉〈にすら〉〈へすら〉〈とすら〉のようになります。

②**添加**では，「さえ」と同じく「すら」を使って「風だけでなく，雨すら降ってきた」のように，情報をつけ加えることができます。

あわせて，「すら」は話し手の気持ちや他者への働きかけを示す表現といっしょに使うと，不自然になります。

このように「すら」は，「さえ」と意味・用法が似ていますが，「さえ」よりも**古い形で，硬い表現だ**という違いがあります。そして，「さえ」とは違い，最低限の条件を示す**「?…すら〜ば」の形では使えない**ので，注意しましょう。そのため，「?結論すら決まれば，あとは簡単にレポートが書ける」とは言えません。冒頭の質問にあるように，「?これすらできれば，大丈夫」がおかしく聞こえるのは，このような理由からです。

【3】「でも」の意味・用法

取り立て助詞「でも」の意味・用法は２つです。

①**極端な例**では，「こうなのだから，ほかもそうだ」のように，**別の事物も間接的に示します**。たとえば，例（3）のように，［この漢字は，小学生

でも読める」という文は，「小学生が読めるのだから，ほかの人も読める」ということを暗示しています。

②**選択肢の一例**を示す場合に使われます。たとえば，「コーヒーでも飲みませんか」という文では，さまざまな飲み物がある中で，コーヒーという一例を出し，誘っています。この場合，必ずしも飲む物はコーヒーでなくてもよく，ジュースやお茶などでもかまいません。

「小学生が読める」「コーヒーを飲む」のように，「が」「を」のあった部分に「でも」が用いられると，基本的に「が」「を」は使われなくなります。ほかの格助詞「から」「まで」「に」「へ」「と」などに接続する場合は，〈からでも〉〈まででも〉〈にでも〉〈へでも〉〈とでも〉のようになります。

提示例文

「さえ」

由美子：就職の面接って，難しいんですよね。何を準備しておいたらいいのか，わからなくて迷っています。

ホワイト：大丈夫。普段通りの由美子さんをきちんと伝えられればいいんじゃない？　私でさえ合格できたんだから，由美子さんなら大丈夫。自信持って。

真紀：今学期のレポート課題，あといくつ残ってる？

アリ：あと１つです。これさえ終われば，もう春休みです。

真紀：いいなあ。

真紀：最近，彼氏が忙しいみたいで，会ってさえくれないんだよね。

由美子：でも，メールはしてるんでしょ？

真紀：うん。

由美子：じゃあ本当に忙しいんだよ。余裕ができるまでちょっと待ってみたら？

「すら」

アリ：昨日，法学部の白石さんと偶然駅で会ったんですよ。
由美子：え，それ誰だっけ？　顔すら思い出せない。

工藤：先週お願いした商談だけど，あれからどうなった？
小沢：すぐ先方にメールしたんですが，まだ返事がないので，スケジュールすら決まっていません。
工藤：なるほど。1度電話したほうがいいかもしれないね。

「でも」

小沢：ホワイトさん，今週末はまたボランティアですか。
ホワイト：ええ。被災地は行けばすることがたくさんあるから，とにかく行ってみます。私でも役に立つことは結構あるんですよ。

（1時限目と2時限目のあいだにある休み時間にて）
真紀：もう秋だね。
アリ：ええ。10月でもこんなに寒くてびっくりしました。
（グゥー）あ，そういえば，お腹空いてきたな。
真紀：まだ1時間目が終わったばかりじゃない。
アリ：朝ごはん食べる時間がなくて……ちょっとコンビニに行って，サンドイッチでも買ってきます。

真紀：何か甘い物でも食べたいな。カフェにでも行かない？
由美子：いいよ。

「さえ／でも」

小沢：J社との契約はうまく行きそうですか。
ホワイト：来週，先方と商談があるんですが，価格さえ決まれば，契約できると思います。
小沢：きっと大丈夫ですよ。入社2年目の私でもJ社と契約取れましたから。
ホワイト：はい，うまく行くことを願っています。

真紀：アリさんはよく料理する？
アリ：全然しません。包丁さえ持ったことないです。
真紀：えー本当に？　子どもでも使えるのに。

「すら／でも」

アリ：先週課題として出された本，読めましたか。私には難しすぎて，まだ半分すら読めていません。どうしよう。

真紀：確かに難しいね。私が持っている本によく似た内容で，もう少し読みやすいものがあるから，それでも読んでみる？　ちょっとは助けになるかもしれないから。

アリ：ありがとう。貸してください。でも，それすら読めなかったら大変。

コラム

取り立て助詞「まで」

「さえ」「すら」「でも」に似た取り立て助詞として「まで」があります。格助詞の「まで」は，期間や区間の終点，目的地などを示しますが，取り立て助詞の「まで」は**予想外に広範囲までことが及んでいることを示す**場合に使われます。たとえば，「最近は小学生までスマートフォンを持っている」です。この文では，「大人から小学生まで広く使われている」ということを述べています。このように「まで」は，「通常では考えられないくらい広範囲だ」ということを表します。ほかにも，「すごく安かったから，要らない物まで買ってしまった」という文では「必要ない想定外の物も買った」ということを表しています。

12 限定を示す

「限り／以上」

質問

「大きな失敗をしない限り，合格できるだろう」の「限り」を「以上」に変えると「大きな失敗をしない以上，合格できるだろう」になりますが，これは不自然だと言われました。「限り」と「以上」は似ていると思ったのですが，どうしてですか。「限り」と「以上」の使い方に違いがあったら，教えてください。

例

（1）

ホワイト：社内で研修制度が始まりましたね。
小沢：ええ。社会人である限り，常にスキルを高める必要がありますからね。

（2）

工藤：駅の工事，まだ続いてるね。
ホワイト：私が聞いた限りでは，開発に１年以上かかるらしいですよ。

（3）

アリ：来週のグループ発表，大丈夫かなあ。
真紀：しっかり準備したし，大きな失敗をしない限り，大丈夫だと思うよ。

（4）

ホワイト：プロジェクト・リーダー，大変そうですね。

小沢：いえ，大丈夫です。やると言った以上，途中でやめるわけにはいかないので。

解説

【1】「限り」の意味・用法

「限る」は，「制限する」「限定する」などの単語から想像がつくように，「範囲を限定すること」を意味します。したがって「限り」は，**「その範囲なら」**ということを表します。後ろの文には，その条件の範囲だとどうなのか，その結果や状態などが基本的に述べられます。たとえば，例（1）の［社会人である限り，常にスキルを高める必要がある］は，「社会人という範囲の中なら」「社会人のあいだは」ということを表しています。ほかにも，「山田さんがこのチームにいる限り，絶対勝てます」「元気な限り，運動を続けたい」などの文も挙げられます。この「限り」はやや改まった表現です。

動詞のて形を使い，〈V ている＋限り〉のようにも言えます。たとえば，「生きている限り，いろいろなことが起こる」「文句を言っている限り，成功はできないだろう」などです。

また，認識や知覚を示す動詞（「知る」「覚える」「見る」「聞く」「読む」「調べる」など）に「限り」が接続すると，**「認識や知覚する範囲では」**という意味を表します。例（2）の［私が聞いた限りでは，駅の開発に1年以上かかるらしい］は，「私が聞いた話では」ということを意味します。ほかにも，「私の知る限りでは，この車が1番おすすめです」「私が調べた限りだと，その情報は間違っているようです」などの文も考えられます。これらの例文にあるように，「～限りでは」「～限りだと」などの形でよく使われます。

【2】「ない限り」の意味・用法

「ない限り」は，**「それがない（それをしない）範囲なら」**ということを表します。基本的に後ろの文には，その条件の範囲だとどうなのか，その結果や状態などが述べられます。たとえば，例（3）の［大きな失敗をしない限り，大丈夫だと思うよ］は，「失敗をしないのなら，大丈夫だ」と述べています。ほかにも，「特別な事情がない限り，欠席してはいけません」「緊急事態でない限り，電話はかけないでください」などの例文も考えられます。「限り」と同じく，「ない限り」もやや改まった表現です。

【3】そのほかの「限り」の表現

先ほどまでは，範囲を限定する「限り」を解説しましたが，「限り」にはほかの意味・用法があります。それは，**「最大限に」「限界まで」**ということを表す「限り」です。改まった場面や書きことばでよく使われます。たとえば，「力の限り，仕事に励む」「できる限り素早く対応する」「持てる限りの知恵を働かせて，アイディアを出した」などが考えられます。これらの文では，「力を最大限に」「できる限界の早さで」「持てる最大限の知恵を働かせて」ということを表しています。ただし，「時間の許す限り，会議を行う」は，「時間のあるあいだずっと」「時間の限界まで」と２つの解釈ができるように，文脈によって範囲の限定とも，限界点とも受け取れる場合があります。このように，意味が重なる部分もあると言えます。

【4】「以上」の意味・用法

「以上」は**「このような状況だから，もちろん（絶対に）～」**ということを表します。例（4）の［やると言った以上，途中でやめるわけにはいかない］は，「やると言ったのだから，絶対にやめられない」ということを伝えています。ほかにも，「1度ルールを決めた以上は，全員で守らなければならない」「台風が来ている以上，外出はやめたほうがいい」などの文が考えられます。文の後ろには，**覚悟や決心，義務，命令，禁止など，話し手の気持ちや他者への働きかけを示す表現**がよく使われます。この「以上」も，やや改まった表現です。

ない形との接続も可能で，「成功する可能性がゼロでない以上，諦めるべきではない」「社長の理解が得られない以上は，プロジェクトを中止したほうがいい」のように述べることができます。

冒頭の質問にあるように，「?大きな失敗をしない以上，合格できるだろう」が不自然に聞こえる理由は，「大きな失敗をしない状況だから，もちろん（絶対に）～」のようには言いづらく，また，後ろに覚悟や決心，義務などを示す表現がないからだと言えます。

提示例文

「限り」

（電話で）

小沢：今日の登山，どうする？
小沢の友人：雨が降っている限り，難しそうだね。
小沢：じゃあ，また今度にしよう。

小沢：ホワイトさんは定年後の計画とかありますか。
ホワイト：うーん，私は仕事が好きなので，体が動く限りは，ずっと仕事を続けたいですね。

工藤：この前話してたあの企画，どうなった？
小沢：この前，部長からいろいろな問題点を指摘されました。でも，この企画を実現させるために，現在，改善策を考えているところです。
工藤：なるほど。その気持ちを持っている限り，最後は実現できると思う。頑張って。

ホワイト：来週の会議，大丈夫かなあ？
小沢：どうしたんですか。
ホワイト：会議でのプレゼン，うまくいくか心配なんですよね。
小沢：プロジェクトメンバーに菊池さんがいるんですよね。彼がいる限り，絶対大丈夫ですよ。

「認識や知覚を示す動詞＋限り」

由美子：高松先生の授業って厳しい？
真紀：私の聞いた限り，高松先生の授業は単位が取りやすいみたいだよ。

教員：今日は全員出席なんですよね。
真紀：はい，私の知る限りでは，予定のつかない人はいなかったので，全員来ると思います。

工藤：先月発売した新商品に対して，お客さんからクレーム来てる？
小沢：私が調べた限り，まだ１件も来ていません。
工藤：ああ，よかった。

（授業で）
教師：アリさん。先週の課題，どうでしたか。
アリ：はい。私が調べた限りだと，例外は１つでした。
教師：よく調べましたね。そうなんです。実はこれには例外が１つだけしかないんです。

工藤：Ｎ社の大野さん，いらっしゃった？
小沢：ついさっき入り口付近を確認したんですが，見た限りでは，まだいらっしゃっていないようでした。
工藤：そう。気をつけて見ていてほしいんだけど。
小沢：はい，承知しました。

「ない限り」
教員：レポートの提出は14日17時までです。特別な事情がない限り，締め切りは延ばさないので，気をつけてください。

真紀：アリさんはどのぐらい家族と連絡取ってるの？
アリ：忙しくない限り，毎日，連絡するようにしてますよ。
真紀：へぇ，毎日してるんだ。

小沢：学生時代の友だちが今，ダイエット中なんですよ。
ホワイト：そうですか。ダイエットなんかは自分で決心しない限り，なかなかできないですからね。
小沢：最初は奥さんに言われて，やせようとしていたらしいんですが，今は自分から「学生時代の体重に戻す」って言って頑張っているようです。

真紀：アリさんの国では，同性婚は認められているの？
アリ：いいえ。みんなの意識が変わらない限り，なかなか難しいと思います。
真紀：そうなんだ。

「以上」
（授業オリエンテーションにて）
教員：「現代経済論」の授業では，国内外における現代経済を取り上げます。この授業を受ける以上，経済ニュースを毎日見るようにしてください。

真紀：週末の海水浴，どうする？
由美子：台風が来ている以上，海はやめたほうがいいね。
真紀：そうだね。今回は中止にしよう。

工藤：H 社との仕事，進んでる？
ホワイト：実は予算が足りなくて，困ってるんです。
工藤：予算は 1 度決まった以上，増やすことはできないなあ。広告宣伝費を下げてみようか。
ホワイト：はい，お願いしてみます。

ホワイト：この前の会議で「このプロジェクトは絶対成功させる」って言った以上，失敗は許されないですね。
小沢：ええ，頑張らないと。

「ない限り／限り」
小沢：健康診断の結果が来ましたね。私は運動不足みたいです。最近，運動していますか。
ホワイト：ええ，していますよ。天気が悪くない限り，毎朝，散歩するようにしています。
小沢：いいですね。
ホワイト：元気な限り，ずっと続けようと思っています。

「限り／以上」

（プレゼン発表）

工藤：以上のように，新商品としてこちらの色鉛筆を発売できないかと考えております。

社長：いい企画ですね。説明を聞いた限り，結構売れるのではないかと思いますよ。

工藤：ありがとうございます。

社長：多くの時間とコストをかけて新商品を出す以上は，絶対に成功させてください。

工藤：はい。力の限りを尽くします。

コラム

「とは限らない」

「限る」を使った別の表現として「とは限らない」があります。この「とは限らない」は，「それは限定されない」という意味で，**「いつもそうだとは言えない」「例外もあるので，わからない」**という部分否定を表します。たとえば，「前回の優勝者が今回も勝つとは限らない」は，「前回の優勝者が負けることもある」という内容を表します。

この「とは限らない」は，ない形との接続も可能で，「ないとは限らない」という形は**「時にはそういうこともある」**という意味になります。たとえば，「若いからといって，病気にならないとは限らない」という文は，「病気になることもある」ということを述べています。これは二重否定の表現です（⇒ p. 8）。

「わけではない（⇒ p. 3）」は，「いつもそうじゃない」「すべてそうではない」と述べているのに対し，「とは限らない」は「例外もあるので，それはわからない」ということを表します。そのため，話し手が個人的な事柄を述べる場合に「とは限らない」を使うと，不自然になります。たとえば，「毎日，料理するんですか」と聞かれたときの返答として「毎日，料理するわけではないですよ」とは言えますが，「?毎日，料理するとは限らないですよ」だと他人事のように聞こえるため，やや不自然になります。

コラム

「うえは」

「以上」に似た表現として「うえは」があります。「以上」同様，「～から，もちろん（絶対に）～」ということを表し，文の後ろには，**覚悟，決心など話し手の強い気持ちを示す表現や，命令，禁止など他者への働きかけを示す表現**が使われます。ただし，この「うえは」は，「以上」よりも**古風で硬い表現**であるため，公的な場面での文言や契約書など，使われる機会は限られます。たとえば，「同意して取引が行われたうえは，いかなる事情があっても返金いたしません」「一旦契約を結んだうえは，取り決めに従っていただきます」などです。

「以上」「うえは」に似た表現として，「からには（⇒ p. 19）」もありますので，それぞれの違いをよく整理しておくとよいでしょう。

12

限定を示す

13 限定を示す

「ただ」

質問

「あの先生は厳しいんだから，遅刻でもしたら大変なことになる」と先生について友だちと話していたら，文頭に「ただでさえ」を加えたほうが，先生の厳しさをより強調できると言われました。どういうことですか。「ただ」と「ただでさえ」の適切な使い方を教えてください。

例

（1）

工藤：F 社から返事，来た？
小沢：全然来ません。このままだと，ただ時間だけが過ぎていくので，こちらから連絡してもいいでしょうか。
工藤：うん，そうしよう。

（2）

小沢：先週は本当に忙しかったです。
ホワイト：どうしたんですか。
小沢：ただでさえこの時期は忙しいのに，別の仕事も頼まれてすごく大変だったんです。
ホワイト：それは大変でしたね。

解説

【1】「ただ」の意味・用法

「ただ」は，「ほかに何もない」のように**限定**を表します。たとえば，例（1）の［ただ時間だけが過ぎていく］という文は，「時間のほかに何も動きがない」ということを述べています。また，「あの人はただ『うん』と言うばかりだった」のように，**同じ動作を繰り返し行うこと**を表すときにも使えます。これら2つの例文のように，「ただ」の後には，「だけ（⇒ p. 79）」「ばかり（⇒ p. 82）」を伴うことが多くあります。ほかにも，「あとはただ報告を待つのみだ」のように「のみ（⇒ p. 80）」もよく使われます。

また「ただ」は，**「数量がとても少ない」「程度がとても低い」**という意味を持ちます。例文としては，「このピアノは自由に弾けるのですが，ただ1つだけ注意点があります」「ただの1度も飛行機に乗ったことがない」などが考えられます。

加えて，接続詞の「ただ」は，前の文に対して何か**例外**や**補足**を述べる場合に使われます。たとえば，「あの遊園地はすごく面白い。ただ，人が多くて少し疲れる」などです。あわせて，「入場は無料です。ただし，18歳以上に限ります」のように，条件を制限する場合には「ただし」が使われます。

【2】「ただでさえ」の意味・用法

「ただ」は「普通」という意味で，「さえ」は極端な例を示す取り立て助詞です（⇒ p. 61）。「ただでさえ」は，**「普通の場合でもこうなのだから，そうでない場合はもっとこうだ」**ということを主観的に述べるときに使われます。例（2）の［ただでさえこの時期は忙しいのに，別の仕事も頼まれてすごく大変だった］という文では「この時期は普通でも忙しいのに，ほかの仕事も頼まれてさらに大変だった」ということを述べています。

また，冒頭の質問にあるように，「あの先生は厳しいんだから，遅刻でもしたら大変なことになる」という文に「ただでさえ」を使うと，「ただでさえあの先生は厳しいんだから，遅刻でもしたら大変なことになる」となりますが，これは「普通の場合でも厳しいのだから，遅刻したらもっと大変なことになる」ということを表しています。このように，「ただでさえ」を使うことで，「普通の場合でも厳しい」ということを強調して伝えることができるのです。

上の例文のように，否定的な内容を述べる場合によく使われ，「ただでさえ〜ん（の）だから…」「ただでさえ〜のに…」の形であることが多いです。

提示例文

「ただ」

真紀：どうしたの？
由美子：今日の晩ご飯どうしようか，ただ考えてただけだよ。
真紀：すごく真剣な顔してたから，声かけづらくて。
由美子：ごめんごめん。

小沢：ホワイトさんは切手が趣味って本当ですか。
ホワイト：はい。詳しいわけではないんですが，何となく古いものが好きで集めているんです。
小沢：へぇ，すごいですね。
ホワイト：いえ，ただ古いだけで，本当に価値があるかどうかは別ですから。

真紀：ちょっと聞いてくれる？
由美子：どうしたの？
真紀：最近，彼氏が全然話を聞いてくれなくて，私が何か言っても，ただ「へぇ」って言うばかりなの。
由美子：それは困ったね。1度彼氏に「話を聞いて」って言ってみたら？

真紀：アリさんはこれまで大学の授業を1度も休んだことないって，本当？
アリ：本当です。ただの1度も休んだことないです。楽しくて休んでいられない！

「ただでさえ」

由美子：あのさ，「国際社会論」のレポート，少し遅れて提出しても大丈夫だよね。
真紀：だめだよ。宮本先生の評価はただでさえ厳しいのに，レポートの提出なんか遅れたら，絶対単位落とすよ。

由美子：そっか。じゃあ，ちゃんと期限守らないと。

ホワイト：駅前のスーパー，今日からセールらしいですよ。

小沢：あそこはただでさえ安いのに，セールになったら，一体どんな値段がつくんだろう。

ホワイト：確かに。でも，あそこの商品はときどき，あまりよくないものも入っているので，気をつけないといけないですね。

茂：真紀のお父さんって，どんな人？

真紀：うーん，普段はとっても静かな人なんだけど，私のことになるといろいろうるさいんだよね。

茂：オレのことも心配してるんだろうな。

真紀：うん。ただでさえうるさいんだから，しげ君のことになると，すごく気になるみたい。

茂：へぇ。

真紀：この前，送ってくれたときに，ちょっと会ったでしょう？　あれで少し安心したみたい。しげ君の印象，よかったみたいだよ。

「ただ／ただでさえ」

小沢：新しいこのプロジェクト，すごく面白そうですね。

工藤：そうだね。ただ１つ心配なのは，コストがとてもかかることで，予算が足りるかどうかが気になるなあ。

小沢：コストですか。

工藤：そう。ただでさえ新プロジェクトにはお金がかかるのに，このプロジェクトは外部からデザイナーを呼ぶんだから，さらに予算が膨らむんじゃないかな。

アリ：真紀さんはジェットコースターに乗ったことありますか。

真紀：うん，もちろん。大好き。ただ，ちょっと危険だけどね。

アリ：じゃあ，僕には無理だ……。

真紀：そうね。ただでさえアリさんは怖がりなんだから，やめておいたほうがいいと思うよ。

14 限定を示す

「だけ／のみ／しか／ばかり」

質問

「だけ／のみ／しか／ばかり」は，限定を示す助詞ですが，それぞれどう違いますか。また，「で」と「だけ」を合わせると，〈でだけ〉〈だけで〉になり，「この機械は太陽光でだけ動く」「この機械は太陽光だけで動く」のように両方使えると習ったのですが，何か違いはありますか。それから，〈V てばかり〉〈V たばかり〉など「ばかり」の表現はいろいろあるので，その使い方も教えてください。

例

（1）

真紀：今学期のレポート課題，あといくつ残ってる？
アリ：「教育相談」のレポートだけです。
真紀：早いね。あと 1 つだけなんだ。

（2）（大学の掲示板前にて）

真紀：ねえ，見て。学生交流イベントだって。参加してみようよ。「集合時間は 5 月 24 日 9 時で，集合場所は申し込みをした者のみに伝える」だって。
由美子：申し込みをしないといけないのね。

（3）

真紀：今日の晩ご飯，少しぜいたくしてホテルのレストランにしない？
茂：ごめん。今財布に 3,000 円ぐらいしかないから，今度にしよう。

（4）

小沢：だいぶ疲れてそうですけど，大丈夫ですか。
ホワイト：ええ，なんとか。最近忙しくて，帰るのも遅いんですよ。
小沢：残業ばかりなんですね。あんまり無理をしないように。

解説

【1】「だけ」の意味・用法

「だけ」は，「それ以外にない」のように**限定**を示す取り立て助詞（⇒p. 61）です。たとえば，例（1）［残っている課題は「教育相談」のレポートだけだ］［あと1つだけ］という文では，残っている課題は「教育相談」のレポート1つに限られているということを伝えています。ほかにも，〈N だけ〉〈A だけ〉〈NA なだけ〉の例としては，「ジョンさんだけ（が）教室に来た」「野菜だけ（を）食べる」「このカフェは安いだけで，おいしくない」「運動が嫌いなのではなく，ただ苦手なだけだ」などです。「が」「を」のあった部分に〈N だけ〉が使われる場合，「が」「を」は省略することができます。名詞，形容詞以外にも，〈V（普通形）だけ〉のように動詞が接続することも可能で，「その少年はただ泣くだけだった」「地震が起こったとき，ただ立っているだけで何もできなかった」のように言えます。この場合，**ほかの動きなどはなく，その動き・状態がずっと続くこと**を意味します。

あわせて，「だけ」は「あの人はどれだけ食べても太らない」のように**程度**を表すこともできます。

【2】格助詞と「だけ」

格助詞は，接続する語とそのほかの語との意味関係を示す助詞です（⇒p. 96）。格助詞と「だけ」が接続すると，どうなるでしょうか。たとえば，存在する場所や，相手を示す格助詞「に」に，「だけ」が接続すると，〈にだけ〉〈だけに〉となります。例文で確認すると，「北海道にだけ（だけに）生息する生き物」「姉にだけ（だけに）秘密を教えた」のようにどちらの言い方も可能です。

ほかにも，動作・出来事の場所・範囲，道具，手段・方法などを示す格助詞「で」に，「だけ」が接続すると，〈でだけ〉〈だけで〉どちらの言い方もできます。たとえば，「この食べ物は，沖縄でだけ（だけで）食べられている」「この機械は太陽光でだけ（だけで）動く」のような言い方です。ただし，後者の文は，ニュアンスに違いがあります。「この機械は太陽光でだけ動く」と述べた場合，「ほかの物ではだめで，太陽光でなければならない」ということを表します。この文は，「この機械は太陽光でしか動かない」と言い換えることもできます。一方で，「この機械は太陽光だけで動く」と述べた場合，「ほかの物は不要で，太陽光で事足りる」ということを表します。たとえば，以下の通りです。

Q：このおもちゃ，電池が必要ですか。
A：いいえ，太陽光だけで（?でだけ）動きますよ。

この会話では，「太陽光で事が足りる」ということを伝えるため，「だけで」のほうが使われます。

格助詞「から」「へ」「と」なども前後どちらにも「だけ」が接続できます。たとえば，「加藤さんからだけ（だけから）連絡があった」「あなたへだけ（だけへ）のメッセージ」「昨日は原田さんとだけ（だけと）会った」などです。「加藤さんからだけ」の場合，「加藤さんから」の部分を限定し，「加藤さんだけから」の場合，「加藤さん」を限定しています。また，「あなたへだけ」の場合，「あなたへ」の部分を限定し，「あなただけへ」の場合，「あなた」を限定しています。同じく，「原田さんとだけ」の場合，「原田さんと」の部分を限定し，「原田さんだけと」の場合，「原田さん」を限定しています。

【3】「だけでなく」の意味・用法

「だけでなく」は，情報をつけ加える**添加**を表し，「それ以外にも」という意味になります。たとえば，「林さんは英語だけでなく，スペイン語も話せる」「このカフェは安いだけでなく，サービスもいい」「彼は運動が得意なだけでなく，勉強もできる」「あの人は話を聞いてくれるだけでなく，アドバイスまでくれる」などの文が考えられます。

【4】「のみ」の意味・用法

「のみ」は，「の身（それ自身）」に由来しているという説があります。この「のみ」も，「だけ」と同じく**限定**を示す取り立て助詞ですが，「だけ」よりもやや硬い表現です。そのため，書きことばなどで多く使われます。たとえば，例（2）の［集合場所は申し込みをした者のみに伝える］では，「集合場所が伝えられるのは参加者に限定される」という内容が掲示版で述べられています。ほかにも，「初級クラスを終えた者のみがこのクラスを取ることができる」という文でも，履修できる人が限定されています。また，動詞に接続すると「あとは社長の承認を得るのみだ」「ただ練習あるのみ」「ひたすら努力するのみ」などとなり，**「するべきことはこれだけだ」**ということを表します。

【5】「のみならず」の意味・用法

「のみならず」という表現は，情報をつけ加える**添加**を表します。「ず」は「ない」の古い形で，「それだけでなく」ということを意味します。たとえば，「林さんは英語のみならず，スペイン語も話せる」「この作品は子どものみならず，大人にも愛されている」などの文が考えられます。「のみならず」は，硬い文などで多く用いられます。

【6】「しか」の意味・用法

「しか」は，**限定**を示す取り立て助詞で，「しか～ない」のように常に否定形とともに使われます。この「しか」は，**否定的な気持ちや消極的なニュアンス**を持つ場合に多く用いられます。例（3）の［財布に3,000円ぐらいしかない］は，「あまりお金がない」ということを表しています。もし，話し手が「多くある」と考えている場合は「3,000円も（傍点）ある」と述べます。ほかにも「しか」が含まれる例文としては，「ジョンさんしか教室に来なかった」「野菜しか食べない」「姉にしか秘密を教えていない」などがあります。「が」「を」のあった部分に「しか」が用いられると，「が」「を」は基本的に使われなくなります。

「しか」がほかの格助詞に接続する場合は，〈にしか〉〈でしか〉〈からしか〉〈までしか〉〈へしか〉〈としか〉のように格助詞の後ろになります。さらに，〈だけしか〉のように「だけ」と合わせて限定を強調することもあります。たとえば，「財布に3,000円だけしかない」「ジョンさんだけしか教室に来なかった」「野菜だけしか食べない」「姉にだけしか（だけにしか）秘密を教えていない」などです。

動詞に接続する場合，「時間がないから，レポートの提出を諦めるしかない」「貯金がなくなりそうだから，アルバイトをしてお金を稼ぐしかない」などとなります。これは**「それ以外の手段や方法がない」**ということを表します。

【7】「ばかり」の意味・用法

「ばかり」は，名詞に接続し，**同じものが多いこと（数量の多さ）**や，**同じことを何度もすること（頻度の多さ）**を示す取り立て助詞です。たとえば，例（4）[残業ばかりなんですね] という文は，残業の回数や頻度が多いと述べています。ほかにも「私ばかり（が）質問している」「最近，野菜ばかり（を）食べている」「ゲームにばかりお金を使ってしまう」などの例文も考えられます。この「ばかり」は，**否定的なニュアンス**を持つことが多いです。「が」「を」のあった部分に「ばかり」が用いられる場合，「が」「を」を省略することができます。「ばかり」がほかの格助詞に接続する場合は，〈にばかり／ばかりに〉〈でばかり／ばかりで〉〈からばかり／ばかりから〉〈へばかり／ばかりへ〉〈とばかり／ばかりと〉のように，前後どちらにも接続可能です。

また，「ばかり」は「計る」に由来すると言われており，数詞とともに使うこともできます。この場合，**大体の程度を示す「くらい」**の意味になります。たとえば，「ここで５分ばかり待っていてください」「質問が３つばかりあります」などです。

「だけ」と「ばかり」は似ているように思えますが，微妙に異なります。「だけ」は「それ以外にないこと」「それが常に続くこと」を表すのに対して，「ばかり」は「同じものが多い」「同じことを多くする」という内容を表します。そのため，「野菜だけ（を）食べている」と述べた場合，「野菜以外のものを食べていないこと」を意味し，「野菜ばかり（を）食べている」は「野菜を食べる量や回数が多いこと」を意味します。同様に，「ゲームにだけお金を使っている」は「ほかのことには使わず，ゲームにすべてのお金を使う」ということを表し，「ゲームにばかりお金を使っている」は「ゲームに使う金額が多い」ということを表します。話しことばでは「ばっかり」などが使われます。

【8】「ばかりに」の意味・用法

原因を示すとき「ばかりに」が使われます。たとえば,「余計なことを言ったばかりに,田中さんに嫌われた」「電車が遅れたばかりに,期末試験が受けられなかった」などです。これらのように,**予想外の悪い結果が起こった場合**には,「ばかりに」が使われます。

【9】「ばかりでなく」の意味・用法

「ばかりでなく」は,「ほかにも」「それ以外にも」のように,情報をつけ加える**添加**の意味を持ちます。たとえば,「最近は野菜ばかりでなく,魚も食べている」「このカフェは安いばかりでなく,サービスもいい」「彼は運動が得意なばかりでなく,勉強もできる」「あの人は話を聞いてくれるばかりでなく,アドバイスまでくれる」などです。また,「文句を言うばかりでなく,解決案を考えよう」のように,**「それを多くするのではなく,さらに前へ進んだ行動をする」**ということも表せます。

【10】「V てばかり」の意味・用法

〈V て+ばかり〉は,**ある動作が繰り返し何度も行われること**や**ある状態が長く続くこと**を表します。特に,**非難や不満**を述べるときによく使われます。たとえば,「遊んでばかりいないで,勉強しなさい」「あの人は休んでばかりだ」などです。これらの例文のように,〈V てばかりいる〉〈V てばかりだ〉の形で使われます。

【11】「V たばかり」の意味・用法

〈V た+ばかり〉は,**動作の直後**を表します。たとえば,「先月買ったばかりなのに,もうパソコンが壊れた」「先日,あのレストランに行ったばかりなので,ほかの店にしませんか」などです。「あまり時間が経っていない」という**話し手の主観的な気持ち**が含まれます(⇒『初級編』p. 100)。

提示例文

「だけ」

由美子：1個だけでいいから，このチョコレートちょうだい。
真紀：いいよ。

ホワイト：週末，テレビに出ていませんでしたか。
小沢：見られちゃいましたか。ホワイトさんにだけ（だけに）言うけど，実は街頭インタビューを受けたんです。
ホワイト：そうだったんですか。

「だけでなく」

小沢：ホワイトさんは何か国語，話せるんですか。
ホワイト：4か国語です。英語，日本語，フランス語，ドイツ語です。
小沢：へぇ，英語と日本語だけでなく，フランス語とドイツ語もできるんですね。

由美子：経済学部の大沢君，かっこいいよね。知ってる？
真紀：ううん，知らない。
由美子：かっこいいだけじゃなくて，性格もいいんだよね。
真紀：へぇ，そうなんだ。

「のみ」

真紀：この「コミュニケーション学演習」っていう授業，面白そう！
アリ：でも，「受講資格は，『コミュニケーション学入門』の単位を取得した者のみ」って書いてあります。
真紀：じゃあ，私だめだ。

小沢：最近，英会話を始めたんですが，なかなか単語が覚えられないんですよね。何かいい方法，ありませんか。
ホワイト：やっぱり，ただ何度も繰り返すのみ，ですね。
小沢：そうですか。語学に近道はないんですね。

「のみならず」

（新年度のあいさつで）

社長：今後は，国内のみならず，世界にも目を向け，国外でも商品を販売していこうと計画しています。

（会議にて）

工藤：この商品，広告はどうする予定？

小沢：さまざまな方法で宣伝する予定です。オンライン広告のみならず，SNS，店頭のポスターなどでも展開しようと考えています。

「しか」

由美子：あー，どうしよう？　社会学のレポート，まだ終わってない。あと２日しかない。

真紀：まだ２日もあるよ。諦めちゃだめだよ。

アリ：あーお腹空いた。

真紀：まだ１時間目だよ。どうしたの？

アリ：今朝，時間がなくて，バナナ１本しか食べられなかったんです。

「ばかり」

真紀：またコーヒー飲んでる。

アリ：日本のコーヒー，特にこの缶コーヒーはおいしくて，１日に２～３本飲んでしまいます。

真紀：えー。コーヒーばかり飲んでいると，体によくないよ。

「ばかりに」

アリ：先生，「キジも鳴かずば撃たれまい」ってどういう意味ですか。

教員：「余計なことを言わなければ，悪い結果にならない」という意味です。反対に「余計なことを言ったばかりに，悪い結果になってしまった」ということも表せますよ。

アリ：面白い表現ですね。

「ばかりでなく」

真紀：しげ君，なんだか疲れてるみたい。大丈夫？

茂：ここのところ，課題が多かったから，睡眠不足かな。

真紀：疲れているときは，甘い物ばかりじゃなくて，酸っぱい物を食べると，いいんだって。

茂：へぇ，初めて聞いた。何か食べてみようっと。

ホワイト：新製品の価格，どうしましょう。

工藤：価格ばかりじゃなくて，コストのことも考えたほうがいいと思うよ。

ホワイト：わかりました。そうします。

「ばかり／だけ」

ホワイト：郵便局で書類を送りたいから，ここで 5 分ばかり待っててくれませんか。

小沢：いいですよ。

ホワイト：1 通だけだから，すぐ戻ってきます。

小沢：了解です。

「ばかり／だけでなく」

茂：真紀ちゃんの弟さんって，いくつだっけ？

真紀：今，12 歳。今年中学生になるよ。春休み，ゲームばっかりして，全然勉強しない。

茂：オレもそのころは，ゲームばかりやってたような気がする。きっと中学生になったら，ゲームだけじゃなくて，ほかにも興味のあることが出てくるんじゃない？

真紀：そうだといいんだけど。

「のみ／しか」

ホワイト：来週する新製品のプレゼンが心配です。

小沢：大丈夫ですよ。準備もきちんとできているし，あとは何度か，見直しておくといいと思います。あとはやるのみ，ですよ。
ホワイト：そういってもらえると頑張れそうです。やるしかないですね。

「ばかり／だけ／のみ／しか」

小沢：最近，お客様からうちの係にクレームの電話ばかりかかってきて，困ってるんですよね。
ホワイト：そうですか。でも，クレームの電話だけじゃないでしょう？　感謝の電話とかもありますよね。
小沢：ええ，もちろん，そういうのもありますけど，クレーム対応に疲れちゃって。
ホワイト：どんなクレームが多いんですか。
小沢：「プレゼントキャンペーンの応募方法はメールのみ」っていう部分です。もっといろんな方法で応募できるようにしてほしいっていう声が多いんです。
ホワイト：たしかにメールしか応募方法がないのはよくないですね。手紙やSNSからでも応募できるようにしたほうがよさそうですね。
小沢：上司とも相談してみます。

「Vてばかり」

ホワイト：新商品のデザインで，何かいいアイディアありませんかね。
工藤：ずっと社内で考えてばかりだと，いいアイディアは出てこないよ。
ホワイト：そうですか。
工藤：販売店に行っていろんな商品を見てきたら？　何かいいヒントがあるかもしれないよ。
ホワイト：ありがとうございます。そうしてみます。

ホワイト：連休はどこか行く予定あるんですか。
小沢：いいえ，たまには家の中も片付けたいし，人混みが苦手だから多分どこにも行かないつもり。ホワイトさんは？
ホワイト：うーん，考えているところです。家にいるのもいいんですが，ずっといるとテレビを見てばかりいるか，ゲームしてばかりいる

14
限定を示す

か，そのどちらかになりそうなので，自転車でどこか行こうかと思っています。

「V たばかり」

茂：ランチは駅前のイタリアンにしよう。

真紀：うーん，イタリアンはこの前行ったばかりだから，中華にしない？

茂：いいよ。そうしよう。

「V てばかり／ばかりでなく」

アリ：経済概論のクラスで時々会う石井さん，知っていますか。

真紀：うん，顔は何度か見かけたけど。

アリ：「前期，単位落とした」って，さっき食堂で話してました。

真紀：だって，あの人，休んでばかりいるから，取れなくても仕方ないんじゃない？

アリ：確かにそうですね。でも，「経済概論」ばかりでなく，「英語コミュニケーション」もだめだったみたいですよ。

真紀：あら，それは大変。

由美子：真紀は「恋人たちの春」っていう映画，もう見た？

真紀：ううん，まだ見てない。面白かった？

由美子：もう最高。感動しちゃうところが多くて，泣いてばかりいた。

真紀：やっぱり女の人が多かった？

由美子：それが意外に，女性ばかりじゃなくて，男性も多くてびっくりした。

「V たばかり／ばかりでなく」

小沢：あれ，おかしいなあ。

ホワイト：どうしたんですか。

小沢：このコピー機，2 週間前に修理したばかりなのに，またエラーになった。

ホワイト：確かに全然動かないですね。

小沢：ええ。実は私ばかりでなく，ほかの人も「よくエラーになる」って言ってるんですよね。

ホワイト：それは困りましたね。

（初回授業のオリエンテーションにて）

教員：この授業では，私の説明を聞くばかりでなく，自分の意見をクラス内で話し合って発表してもらいます。つまり，インプットしたばかりの知識を使ってアウトプットもする，という授業形式です。

「V てばかり／V たばかり」

真紀：もう，本当に頭に来た。

由美子：どうしたの？

真紀：学校に来る途中，車に水たまりの水をかけられたの。

由美子：それは大変だったね。まあ，でも，怒ってばかりいないで，少し気分を変えよう。あ，そうだ。大学近くのレストランでデザートキャンペーンやってるから，いっしょに食べに行かない？

真紀：ごめん。さっき昼ご飯食べたばかりだから，今お腹空いてないんだよね。

由美子：そっか，残念。

15 限定を示す

「からの／までの／での／への／との」

質問

「約束の時間」と「約束までの時間」,「家族の会話」と「家族との会話」は，それぞれ意味はどう違いますか。「からの」「までの」「での」「への」「との」の使い方を教えてください。

例

（1）

工藤：あれ，加藤さんからの手紙，どこに置いた？
小沢：あそこの引き出しに入っていますよ。
工藤：ありがとう。

（2）

由美子：今晩，しげ君とデートなんだよね？
真紀：うん，6時に駅で待ち合わせ。
由美子：約束までの時間，ちょっと買い物しない？
真紀：いいよ。

（3）

工藤：ここにも「館内での喫煙はご遠慮ください」って書いてある。
ホワイト：たばこが吸える場所，かなり減りましたね。
工藤：3年前に禁煙が成功してよかったよ。

（4）

工藤：これ，加藤さんへの手紙なんだけど，出してきてもらえる？

小沢：わかりました。

（5）（授業の発表で）

アリ：以上のように，子どもは家族との会話をとおして，コミュニケーションを学ぶということがわかりました。

解説

15 限定を示す

【1】「からの」の意味・用法

「から」は，時間や場所など範囲の起点や，原因などを示す助詞です。この「から」に「の」が合わさると「からの」となり，〈N_1 からの N_2〉の形で名詞同士をつなぎます。たとえば，「加藤さんの手紙」と述べた場合，「加藤さんが書いた手紙」「加藤さんが所有する手紙」などの意味になり，文脈で意味を判断します。それに対して例（1）のように，[加藤さんからの手紙] と述べた場合，「加藤さんから来た手紙」という意味に限定されます。このように，「から」が加わることで，N_1 **が範囲の起点や出どころ**であることを明確に表すことができます。ほかにも，「不注意からの事故には十分気をつけてください」は，不注意が**原因**となる事故には注意するよう伝えています。

動詞に接続する場合は〈V て＋からの N〉の形で使われます。たとえば，「日本に着いてからの予定はありますか」です。これは「日本に到着し，それ以降の予定はあるかどうか」を尋ねています。

【2】「までの」の意味・用法

「まで」は，時間や場所など範囲の終点や，目的地を示す助詞です。この「まで」に「の」が合わさると「までの」となり，〈N_1 までの N_2〉の形で名詞同士をつなぎます。「まで」が加わることで，N_1 **が範囲の終点や目的地**であることを表します。たとえば，「約束の時間」と述べた場合，「会おうと事前に決めておいた時間」という意味ですが，例（2）のように [約束までの時間] と述べた場合，「会おうと事前に決めておいた時刻より，前の時間」という意味になります。

動詞に接続する場合は〈V 辞書形＋までの N〉の形で使われます。たとえば，「日本に着くまでの時間は，飛行機でずっと寝ていた」です。これは「出発から日本到着までの時間は，飛行機で寝ていた」ということを意味します。

【3】「での」の意味・用法

「で」には，さまざまな意味・用法があります。たとえば，①動作・出来事の場所（⇒『初級編』p. 171）や範囲，②道具，③手段・方法，④様態などです。この「で」に「の」が合わさると「での」となり，〈N_1 での N_2〉の形で使われます。

① **N_1 が動作・出来事の場所や範囲**の場合は，例（3）［館内での喫煙はご遠慮ください］のように言えます。これは，「館内で喫煙するのは遠慮してください」ということを述べています。（3）の文は，［館内における喫煙はご遠慮ください］のように「における（⇒ p. 157）」で言い換えることができます。

② **N_1 が道具**の場合は「シャープペンでの記入は認められません」のように述べられます。これは，「シャープペンで記入することは認められません」ということを表しています。

③ **N_1 が手段・方法**の場合は「タクシーでの移動は快適だ」「外国語での会議は疲れる」などと言えます。「タクシーで移動するのは快適だ」「外国語で会議するのは疲れる」ということを述べています。

④ **N_1 が様態**の場合は「はだしでのランニングは危険だ」などの文が作れます。「はだしでランニングするのは危険だ」ということを表しています。

【4】「への」の意味・用法

「へ」は，方向を示す助詞です（⇒『初級編』p. 11)。この「へ」に「の」が合わさると「への」となり，〈N_1 への N_2〉の形で使われます。「へ」が加わることで，**N_1 が方向**であることを明確に表します。先に述べたように「加藤さんの手紙」と述べた場合，「加藤さんが書いた手紙」「加藤さんが所有する手紙」などの意味になり，文脈で意味を判断するのですが，例（4）のように［加藤さんへの手紙］と述べた場合，「加藤さんへ送る手紙」という意味に限定されます。

【5】「との」の意味・用法

「と」は，いっしょに何かをする人・物や，相互に何かをする相手を示します。この「と」に「の」が合わさると「との」となり，〈N_1 との N_2〉の形で使われます。「と」が加わることで，**N_1 がいっしょに何かをする人・物や相互に何かをする相手など**であることを明確に表します。たとえば，「家族の会話」と述べた場合，「家族がする会話」という意味になるのですが，例（5）のように［家族との会話］と述べた場合，「家族が相手となる会話」という意味になります。「私は最近，家族との（?の）会話が十分にできている」という文では，「自分が会話をする相手は家族だ」ということを表すため，「との」が使われます。この文を「家族の会話」にすると，やや不自然になります。

提示例文

「からの」

真紀：明日 18 時からの国際交流パーティー，参加してみない？
アリ：どこでやるんですか。
真紀：大ホールだって。各国のお料理も食べられるらしいよ。
アリ：楽しそう。参加します。

「までの」

真紀：来週までのレポート，どこまで進んだ？
アリ：2,000 字書いたから，あと 1,000 字くらい書けば，終わりです。
真紀：早いね。私なんてまだ 500 字くらい。
アリ：でも，まだ時間はあるから，大丈夫ですよ。

「からの／までの」

真紀：夏休み，アリさんは国に帰るの？
アリ：そのつもりです。真紀さんの予定は？
真紀：友だちと旅行する予定。旅行って，行くまでの準備が本当に楽しいよね。
アリ：そうですね。着いてからの時間はどうしようかとか，何を食べようかとか，考えているだけでうきうきしますね。

工藤：ちょっといい？
ホワイト：はい，何でしょうか。
工藤：実はＪ社からの要望で，本日中にカタログを 100 部ほしいみたいなんだけど，できそう？
ホワイト：大丈夫だと思います。急いでやってみます。
工藤：配送だと間に合わないから，直接渡しに行ってくれるかな？
ホワイト：はい。
工藤：Ｊ社までの行き方はわかるよね？
ホワイト：えぇ，わかります。
工藤：申し訳ない。急いで頼む。

「での」

ホワイト：この前，「ホワイトさんはナイーブだね」って言われたんですけど，どういう意味ですか。
小沢：ナイーブは「繊細」という意味ですよ。
ホワイト：あ，そうなんですね。英語での意味は「素朴」や「世間知らず」だから，ちょっとびっくりしました。
小沢：そうなんですね。知りませんでした。

教員：来週までに最終レポートを提出してください。必ずこのウェブページにレポートをアップロードしてください。メールでの提出は受け付けませんので。

「への」

工藤：翔太のためにミニカー買ってきたよ。
工藤の妻：ありがとう。でも，遊ぶかなあ。
工藤：え，どうして？
工藤の妻：最近，車への興味が薄れてきてて，今はスマートフォンのゲームに夢中なの。
工藤：子どもの興味はすぐに変わるからね。

「との」

真紀：家族との連絡ってどのくらいしてる？
アリ：メールは毎日で，電話は週１回くらいかな。
真紀：わりと頻繁にしてるんだね。

「との／までの」

工藤：Ｙ社に渡す商品サンプルの準備，もうできている？
小沢：はい，もう全部準備しました。先方との会食は７時からで，レストランにもリマインドメールを送っておきました。会食までの時間は，どうなさいますか。社内を案内しましょうか。

「での／との」

店員：こちらでお買い物いただく際には，このカードでのお支払いがお勧めです。ポイントがつきますので，大変お得です。
小沢：以前作ったこちらのポイントカードとの併用もできますか。
店員：はい，もちろん可能です。お使いいただけます。

ホワイト：なんだか緊張してきました。
小沢：大丈夫ですよ。ホワイトさんなら，できます。
ホワイト：自社でのプレゼンならいいんですが，取引先でのプレゼンは何度やってもやっぱり緊張します。でも，今日は小沢さんとの合同プレゼンなので，ちょっと安心なんです。
小沢：私もホワイトさんがいるので，頑張れそうです。

「との／での／への」

小沢：人事部長との面談はどうでしたか。
ホワイト：いろいろ聞かれました。
小沢：たとえば，どんなことですか。
ホワイト：職場でのストレスはないか，希望する職種は何か，などです。
小沢：なるほど。ちなみにホワイトさんはどんな職種を希望しているんですか。
ホワイト：将来的には海外への出張が頻繁にある仕事をやってみたいです。

15 限定を示す

コラム

格助詞と「は」

格助詞は，接続する語とほかの語との意味関係を示す助詞です。格助詞には，「が」「を」「から」「まで」「より」「で」「に」「へ」「と」の9つがあります。

「が」「を」以外の格助詞には，主題・対比を示す取り立て助詞「は」を接続させることができ，それぞれ〈からは〉〈までは〉〈よりは〉〈では〉〈には〉〈へは〉〈とは〉となります。こうすることで，「は」より前の語句や節を取り立てて**主題化**したり，**対比**したりすることができます（⇒『初級編』pp. 165-166）。たとえば，次のような例文が考えられます。

「からは」
「ここからは歩いて帰る」
「大学を卒業してからは海外に行っていない」

「までは」
「ここまではタクシーで来た」「鈴木さんが来るまではここで待とう」

「よりは」
「人に聞くよりは，自分で考えたほうがいい」
「弟よりは背が高いが，兄よりは背が低い」

「では」
「ことばでは表現できないこの気持ち」
「こんな大雨では外出できない」

「には」
「ここには誰もいない」「勝つためには練習あるのみだ」

「へは」
「母へは紅茶を，父へはコーヒーをプレゼントした」
「大阪へは新幹線で行く予定だ」

「とは」
「あの人とは気が合いそうだ」
「旅行したいとは思うが，全然休みが取れない」

「は」は，初級の段階で登場する文法項目ですが，改めて中上級レベルの授業でこのような表現を扱ってみてもよいでしょう。それにより，「は」を使った表現のバリエーションを増やしていくことができます。

16 原因・影響を示す

「おかげ／せい／せいか」

質問

あることが原因となり，それによって起きたことがよいことなら「おかげ」を使い，悪いことなら「せい」を使うと覚えていたのですが，正しいですか。「せい」に似た表現で「せいか」がありますが，何が違いますか。

例

（1）

ホワイト：小沢さん，ありがとう。
小沢：えっ，何が？
ホワイト：先週，小沢さんが手伝ってくれたおかげで，A 社に送る資料きちんと間に合いました。
小沢：それはよかった。

（2）

ホワイト：会議に遅れてすみません。
小沢：心配していました。
ホワイト：強風のせいで，電車が遅れてしまって……。

（3）

小沢：ホワイトさん，妹さんが入院しているって言っていたけれど，その後いかがですか。
ホワイト：ありがとうございます。家族が病院へ面会に行けるようになったせいか，最近元気を取り戻して食欲もあるみたいなんです。

解説

【1】「おかげ」の意味・用法

「おかげ」は，「その後いかがですか」「ありがとうございます。おかげさまですっかりよくなりました」などのように，**何かしたことや起きたことがよい結果に結びついたときに使う**ことが多いです。上記の例（1）で言えば，「小沢さんが手伝ってくれたこと」が「資料をきちんと間に合わせることができたこと」につながっているので，「おかげで」を使います。「間に合ったのは，手伝ってくれたおかげだ」と述べることもできます。ただ，常によいことだけかというとそうでもなく，悪い結果になったときにも使うことができます。その場合は，ちょっと皮肉を交えていることがあるので，注意が必要です。たとえば，資料を手伝ってもらったけれど，うまくいかなかった場合「〇〇さんに手伝ってもらったおかげで，かえって時間がかかってしまった」という言い方をします。これは，手伝ってもらってもよい結果には結びついていません。「おかげで」ということばを使ってはいますが，「手伝ってもらわなければよかった」というマイナスの気持ちが表れています。

【2】「せい」の意味・用法

「せい」も，「おかげ」同様，原因を表しますが，質問にあったように**よくないことが起きたときに使います**。例（2）では，ホワイトさんは「強風で電車が遅れた」ことが原因となり，「会議に遅れた」というよくない結果が生じています。理由・原因を表す「ので」「ため」で置き換えられることが多いです。同じ内容で「会議に遅れたのは，強風で電車が遅れたせいだ」と，よくないことを先に述べて，後で原因を述べる形でも使うことができます。このように，よくない結果が起きた責任を一方的に決めつけて「遅刻したのは，電車の遅延のせいだ」という言い方をすることもできます。

【3】「せいか」の意味・用法

では，「せい」と「せいか」では，何が違うのでしょうか。例文（3）を見ると「入院していた妹が最近元気になった」というのは，よい結果です。それは，「家族が面会に行けるようになったこと」が原因かもしれない，ほかにも，もっと原因があるかもしれないけれど，「面会に行けるようになったこと」が主な原因なので,「せいか」を使っています。「せいか」の「か」は疑問詞の「か」ですから,「面会に行けるようになったことが原因でしょうか」のように,**「はっきりしないけれども,多分そうだ」**というときに使います。よい結果でもよくない結果でもどちらでも使うことができます。例文はよい結果ですが,たとえば,「歳のせいか,父は最近物忘れがひどい」という文で考えてみましょう。「物忘れがひどくなった」これはよくない結果です。そしてその原因は,多分「歳のせいだろう」と言っています。ほかにも原因があるかもしれないけれども,年齢的なことが大きな影響を与えているだろうということを述べています。

「おかげ」についても「せいか」と同様の使い方ができます。「薬を飲んだおかげか,頭痛が治まりました」のように,「はっきりしないけれども,多分そうだ」と思われるときに使うことができます。

提示例文

「おかげ」

真紀：昨日,買い物に行ったんだけど,財布忘れちゃったんだよね。
アリ：それでどうしたんですか。
真紀：おサイフケータイ持ってたおかげで,何とか払うことができた。

真紀：昨日は本当にありがとうございました。おかげで,雨に濡れずに帰ることができました。
教員：たまたま,研究室に忘れ物の傘があったから,よかったね。それにしても昨日の雨はひどかった。

真紀：アリさんは部屋でエアコン使ってる？
アリ：つけているんですけど,エアコンの風が好きじゃなくて。去年の冬は暖かかったおかげで,ほとんど使わなくて済んだんです。
真紀：今年もそうだといいね。

「せい」

小沢：顔色よくないですけど,大丈夫ですか。

ホワイト：実は，昨日飲みすぎたせいで，ちょっと気分がよくなくて。
小沢：そうなんですね。水をたっぷり飲んだほうがいいですよ。

アリ：目，どうしたんですか。
真紀：パソコンの画面を見すぎたせいで，ドライアイになっちゃった。
アリ：僕もなりかけです。目が痛くて。

ホワイト：今日は眠そうですね。寝不足ですか。
小沢：はい，隣のマンションの大規模工事のせいで，眠れなくて。
ホワイト：夜もやっているんですか。すごいですね。
小沢：いえいえ，外にかかっているシートあるでしょう？　あれが，昨日の強風であおられ，ばたばたしてその音がすごいのと，足場が倒れてくるんじゃないかと思って心配で。
ホワイト：それは大変でしたね。早く終わるといいですね。

「せい／おかげ」

真紀：昨日は本当にありがとう。人身事故のせいで，講義に遅刻しちゃったけれど，ノート貸してくれたおかげで，何とか課題のレポート書けそう。
由美子：それならよかった。昨日の遅延は結構ひどかったもんね。

「せいか」

真紀：今日は天気が悪いせいか，外出している人が少ないね。
木村：そうだね。この前話したレストラン，行ってみようよ。空いてるかもしれないよ。

アリ：ああ，眠たい。春になったせいか，寝ても寝ても眠くてたまらない。
真紀：正に「春眠暁を覚えず」だね。
アリ：それ，何ですか。

教員：今は，インターネットで検索すれば，ある程度の参考資料は出てくると思いますが，そのせいか，きちんと参考資料を集めなくなった学生が多いです。そこで，今回のレポートは，関連する本を必ず１冊読んでそれをもとに書くことを条件にします。

「せいか／おかげ」

小沢：自転車通勤は続いているんですか。

ホワイト：もちろん。自転車で通勤するようになったせいか，最近体が軽くなった気がするんですよ。

小沢：それはいいですね。毎朝の運動のおかげですね。

真紀：最近，レポート提出が多くて，パソコンの前に座っている時間が長いせいか，腰や背中が痛くて。

アリ：僕もすごく痛いです。ただ，僕の場合は，レポートだけじゃなくてゲームもあるんですけどね。

真紀：やりすぎると，目も悪くなっちゃうよ。

アリ：そうですね。でもゲームのおかげで，日本語の面白い表現が覚えられるから，楽しいんですよ。

「せい／せいで」

工藤：小沢さん，今日の打ち合わせ，遅刻だったようだけれど，あの人身事故のせい？　さっき，ニュースで流れていたよ。かなり大きな事故だったみたいだね。

小沢：はい。事故のせいで，電車が止まっていたところに，さらに大雨で遅れてしまって……申し訳ありませんでした。

「せいで／せいにする」

アリ：今日の１限の授業，電車遅延のせいで，遅刻しちゃいました。

真紀：大変だったね。

アリ：それで先生に叱られました。遅刻を遅延のせいにしてはいけないって。そういうのを見越して，時間にゆとりをもって家を出なさいって言われました。

真紀：うわあ，厳しいね。

「せい／せいにする／おかげ」

真紀：今朝，お母さんが今日は降らないんじゃないっていうから，傘持たずに行ったら大雨……。

真紀の母：えっ，お母さんのせい？　お母さんのせいにしないで。心配なら自分で天気予報確認すればいいでしょう。

真紀：はーい。でも先生が傘を貸してくださったおかげで，ぬれずに済んだけどね。

コラム

お陰様の本来の意味

「お陰様で」は日常会話でもビジネスシーンでもよく使う表現です。そもそも「お陰様」とは何のことなのでしょうか。誰に向かって言っているのかと不思議に思ったことはないでしょうか。なぜ「お陰様」のように「様」をつけるのだろうかと考えたことはありますか。

「お陰様」は，神仏，またはそれに近いもの，何か自分を守ってくれるもの……という意味があるようです。ですから，「その何かが守ってくれたので，これができました」という意味で「試験はどうでしたか」と尋ねられたときに「お陰様で（うまくいきました）」のように使うわけです。目の前にいる人だけでなく，それに関わった人すべてに感謝するという意味があります。上手に使っていきたいものですね。

17 根拠・よりどころを示す

「によって／によると」

質問

「によって」にはいろいろな使い方があると思いますが，「によると」と同じように使ってもいいですか。何か違いがありますか。

例

（1）

ホワイト：旅行業界は今，厳しいようですね。

小沢：中小の旅行会社は，この不況**によって**倒産に追い込まれていると聞きます。

ホワイト：やっぱり，景気がよくないと旅行しようっていう気分にならないですからね。

（2）

ホワイト：会社のゲートが何者か**によって**壊されたらしいですよ。総務部が警察に通報したんだそうです。

小沢：それで警察の人がたくさんいたんですね。何かと思いました。

ホワイト：警察の話**によると**，複数犯の犯行らしいですよ。

小沢：ちょっと怖いですね。

解説

【1】「によって」の意味・用法

「によって」には，さまざまな用法があります。まず①**起きた結果に対す**

る**「理由・原因」**の説明です。例（1）では，「倒産に追い込まれている」のは，「不況」によるものだと言っています。そして例（2）では，「会社のゲートが壊された」のは「何者か」によるものだと原因を説明しています。

②**動作主**を表す場合に「によって」が使われます。例（2）［何者かによって壊された］という受身文では，壊した動作主が「によって」で示されています。この場合，①理由・原因の意味とも重なります。ほかにも，「あのビルは有名な建築家によって建てられた」「この化石はある少女によって発見された」などです。このように，**何かを壊したり，作ったり，発見したりした動作主を表す受身文**では「よって」が使われます（⇒『初級編』p. 58）。

さらに，③**「手段」**の意味もあります。たとえば「話し合いによって問題は解決した」などのような使い方です。「その手段，方法を用いて」という意味です。④**「根拠・よりどころ」**を示す場合もあります。「未成年の飲酒は法律によって禁止されている」などの言い方です。法や規則，ルールに関係する文に現れることが多いです。さらに，疑問詞「か」の後に用いることもできます。「天気がいいか，悪いかによって，明日の計画を決めよう」「値段が安いか，高いかによって，購入を考える」などがこの例です。⑤**「それぞれの場合に応じて」**という意味もあります。「食文化は国によって異なる」「調理法によって味は変わる」などです。

質問について考えてみましょう。「によると」と似た使い方をしているのは④の用法です。「によって」は，「に拠って」「に依って」と書かれ，根拠やよりどころを表します。「法律によってポイ捨ては禁止されている」という文は，法的根拠を明確に説明していますが，「この本によると，ポイ捨ては禁止されているようだ」という文では，「どうやら禁止されているみたいだ」のように，「伝聞の情報」を示すにとどまっています。このように，根拠やよりどころが明確にならないと，「によって」は使えないということになります。「によって」と「によると」は，この用法では似ているように思えますが，基本的に置き換えることはできません。

【2】「によると」の意味・用法

例（2）のように，**ほかから聞いたことや，どこからその情報を得たのかということを説明するときに使います。**文末には，原則として伝聞や推量を表す「そうだ」「ようだ」「みたいだ」「らしい」などを伴います（⇒『初級編』

pp. 154-163)。例（2）は「警察の情報では，複数犯の犯行らしい」という意味です。同じ意味で「によれば」という言い方もできます。

「によると」と「によれば」の違いは何でしょうか。これは「と」と「ば」の使い分けと同様に考えてみてください。「ば」は前件の文に焦点を置く表現であるため，「警察の話によれば」と言ったほうが，「警察の話によると」よりも，その根拠・情報源が「警察の話」であるということがやや強調されて伝わります。

慣用的言い方として「場合によると」「ことによると」などもあります。これはほぼ固定的に使われる慣用表現です。ほぼ同じような場面で使えますが，「ことによると」は「ひょっとすると」という意味が強く，ほとんどないだろうが，もしかしたらそのようなことが起きるかもしれないという意味があります。たとえば「ことによると，来週のイベントは中止になるかもしれない」「ことによると，出張はあと１週間延びるかもしれません」などと使います。「場合によると」も同様に，「場合によると，先方にすぐに伺ってお詫びしなければならないかもしれない」などのように使います。文末には，伝聞や推量の表現を伴います。

提示例文

「によって」

ホワイト：当社のシンボルマークって，誰が作ったか，知っていますか。

小沢：前に聞いたことがあるんだけれど，確か，創業者のお父さんによって決められたらしいですよ。

ホワイト：なかなか素敵ですよね。

アリ：このキャンパスの１番奥にある，あの古い建物，何に使っているか真紀さん知ってますか。

真紀：大学の HP によると，以前はサークルの部室になってたみたい。でも，老朽化が進んで危ないから，大学によって閉鎖されたって聞いたことがある。

アリ：へぇ，結構大きくていいなと思っていたんですが，確かに古いですね。

真紀：奨学金がもらえるかどうかって，どうやって決まるの？
アリ：僕がもらってる奨学金は，大学の成績によって決まるんです。だから成績が悪いと，次の年度はもらえなくなってしまうんです。
真紀：へぇ，結構シビアだね。
アリ：ええ。でも，奨学金のルールは大学によって違うようですよ。

「によると」

真紀：この絵のタイトル知ってる？　思い出せなくて。
アリ：『最後の審判』です。ミケランジェロによって描かれた絵ですよ。
真紀：ああ，そうだった。
アリ：あ，このサイトの解説によると，ミケランジェロはレオナルド・ダ・ヴィンチのライバルだったみたいです。
真紀：そうなんだ。2人とも16世紀のイタリアで活躍した有名な画家だよね。

小沢：ホワイトさんは，明日も自転車通勤？
ホワイト：いやあ，実はさっきから空を見ていたんですが，天気予報によると，どうも明日は曇りから雨になりそうなんですよ。
小沢：お天気によって，自転車にするか，電車にするか決めるのって，ちょっと面倒な気もします。

「によると／ことによると」

工藤：明日の大阪への出張だけれど，このニュースサイトによると，明後日は関東地方も雪の予報になっているみたい。
小沢：そうですか。雪が降ると，新幹線が遅れるんですよね。
工藤：ことによると，前の晩から行っておいたほうがいいかもしれないね。
小沢：わかりました。

18 条件を示す

「ようものなら／ものなら」

質問

「ようものなら」と「ものなら」は，「ものなら」の前に接続する動詞の活用形が違うというほかに，使い方の違いはありますか。

例

（1）

工藤：最近，迷惑メールが増えてきたので，気をつけてください。
ホワイト：わかりました。
工藤：間違ってメールに書かれたページにアクセスしようものなら，会社のデータが盗まれる危険性もあるから。
ホワイト：わかりました。気をつけます。

（2）

真紀：今週末，カラオケに行かない？
由美子：ごめん，難しいなあ。
真紀：どうしたの？
由美子：行けるものなら，行きたいんだけど，課題がたまってるんだ。

解説

【1】「ようものなら」の意味・用法

「ようものなら」は，**動詞の意向形に「ものなら」をつけて，「万一そのようなことをしたら」という，少し大げさな条件を示した言い方**です（「なら」

⇒『初級編』pp. 116-120）。後ろには，それをしたら，大変なことになるという不安，心配，危機感などを表す表現が使われることが多いです。例（1）では，「万一，間違ってメールに書かれたページにアクセスしたら，データを盗まれるようなことになる」という心配を述べています。「大変なこと」が「よいこと」になるときにも使うことができます。たとえば，「この研究がうまくいこうものなら，同じ病に苦しんでいる世界中の人を救うことができるはずだ」のような使い方です。この文の場合，不安や心配を表しているわけではありません。話しことばになると「しようもんなら」「食べようもんなら」と「ものなら」が「もんなら」の形になります。

18

条件を示す

【2】「ものなら」の意味・用法

「ものなら」は，動詞の可能形または可能の意味を持つ動詞と接続させて使います。**「もしもできるなら」という意味ですが，実現することはかなり難しいというニュアンスを含みます。**ですから，後ろには「～たい」や「～ほしい」のように願望や希望などを表す文を伴って，「できたらいいな」という気持ちを表します。例（2）では，誘われたカラオケには行きたいけれど，課題がたまっていて，ほとんど行くのは無理だという意味です。でも，行けないけれど，気持ちの上では「行きたい」という希望があることを言外に含めているわけです。

「ものなら」を使った慣用表現に「ものなら～命令形」があります。たとえば「言えるものなら，言ってみろ」「食べられるものなら，食べてみろ」のような形で使います。これは話しことばですが，相手を怒らせるように仕向ける，非常に挑発的な言い方なので，使い方には気をつけなければなりません。

提示例文

「ようものなら」

アリ：藤井先生の授業って厳しい？

真紀：かなり厳しいって聞いたよ。無断で欠席しようものなら，次から授業出られなくなるらしい。

ホワイト：工藤さん，結婚記念日はお祝いをなさるんですか。
工藤：もちろん，いっしょに食事に行くよ。
ホワイト：すごい，いいですね。
工藤：いやいや，結婚記念日を忘れようものなら……。

アリ：真紀さん，相撲について教えてもらえますか。
真紀：うん，何？
アリ：「カド番」だから今日は絶対負けられないって言っていたんですけど，どういう意味ですか。
真紀：それは，もしその一番に負けようものなら，今の地位から落ちちゃうという意味だよ。ギリギリのところという意味かな。
アリ：そうなんですね。ありがとうございました。よくわかりました。

工藤：学校の先生は大変だね。
工藤の妻：なんで？
工藤：新聞の記事によると，教室で騒いでいた子どもをちょっと大きな声で注意しようものなら，親が飛んでくるらしいよ。

「ものなら」

由美子：もしも願いが１つだけ叶うとしたら，何したい？
真紀：うーん……叶うものなら，もう１度高校生に戻りたいなあ。由美は？
由美子：私は，高校生は嫌だな。戻れるものなら，毎日遊んでいられた子どものころに戻りたい。

小沢：この作業，手伝ってもらえませんか。
ホワイト：すみません。できるものなら，手伝いたいのですが，今別の仕事で手が離せなくて。
小沢：わかりました。

真紀：100 万円あったら，今，何に使いたい？
アリ：できるものなら，自転車で世界一周旅行してみたいです。

真紀：自転車で？　すごいね。
アリ：真紀さんは？
真紀：私も旅行したい。でも自転車じゃなくて飛行機かな。

ホワイト：今年の夏は山に行かないんですか。
小沢：行けるものなら，行きたいです。でも，今，忙しくてまとまった休みが取れなくて……。とても休みがほしいなんて言い出せないんですよ。でも来年こそは行くぞ，と思っています。

コラム

「ものなら」

学習者に「ものなら」を使った文を作ってもらうと，次のような文が出てくることがあります。

食べられるものなら，今晩，寿司を食べたい。
寝られるものなら，毎日８時間寝たい。

「ものなら」は，実現するのがほとんど不可能なことを実現させたいという表現です。もちろん，今晩寿司を食べることは難しいかもしれないけれど，決して実現不可能なことでないので，「ものなら」で表現するとちょっと不自然な文になってしまいます。「寝られるものなら，毎日８時間寝たい」も同様です。この表現の使い方が理解できるようにするには，後ろに続く文は「ほとんど不可能なこと」であるいうことを明確に示す必要があります。

たとえば，社会人なら「もっと給料のいいところで仕事がしたい」という例文に「ものなら」を使って答える文を作る練習をするというのはどうでしょうか。「できるものなら，今すぐ転職したい」のような答えが出ればよいですね。ほかにも，「1か月ぐらいの休みがほしい」という文には「できるものなら，有給休暇が１か月ほしい」などのように希望はあっても，ほとんど実現不可能なことを言ってみることで，この表現の意味を明確にすることができると思います。

19 発見・結果を示す

「たところ／たら／たとたん」

質問

「データを保存しようとしたところ，パソコンの電源が落ちた」
「データを保存しようとしたとたん，パソコンの電源が落ちた」
両方とも言えるので，「たところ」と「たとたん」は同じ意味なのでしょうか。でも，「迷子の子どもはお母さんの顔を見たところ，泣き出した」という文を作ったら，それは「とたん」か「たら」を使ったほうがいいと言われました。理由を教えてください。

例

（1）

アリ：鈴木先生，見ませんでしたか。さっき，研究室に行ったところ，「不在」になっていました。ちょっと質問があるんですが。
真紀：鈴木先生なら，今，学食で見かけたけど。急いで行ってみたら。
アリ：わかりました。ありがとう。

（2）

ホワイト：先週の出張ですが，現地の空港に誰か迎えに来ていましたか。
工藤：うん。着いたら，支社の人が来てくれていて助かった。
ホワイト：それならよかったです。
工藤：だけど，着いたとたん，大雨が降ってきてびっくりしたよ。

（3）

ホワイト：困ったなあ。

小沢：どうしましたか。
ホワイト：データを保存しようとしたとたん，パソコンの電源が落ちちゃって……。
小沢：それは落ち込みますね。

解説

【1】「たところ」の意味・用法

「たところ」は，例のように動詞のた形に接続して，**その後に起きることや発見・驚きについて述べる**ときに使います。例（1）は，「研究室に行き，『不在』の文字を発見した」という意味です。ただ，前の動作である「研究室に行ったこと」と，「不在の文字を発見したこと」には，明確な因果関係はありません。「行って，～を発見した」という意味です。どちらかと言うと，改まった場面で使い，話しことばより書きことばに現れることが多いです。

この「たところ」に助詞「が」をつけた「～たところが」という言い方もありますが，これは何かしたことで，起きたり発見したりしたことが自分の期待と違ったときに使います。たとえば，「楽しみにしていたピアノコンサートに，仕事が終わって急いで行ったところが，もうほとんど終わってしまっていた」という場合です。これは「急いで行った」けれども，残念ながら，自分の期待とは違って「ほとんど終わっていた」という結果になっています。これも「急いで行く」行為と「ほとんど終わっていた」ことには，因果関係はありませんが，結果としては自分の期待とは大きく異なったという意味を伝えることができます。「～たところが」の「ところが」の部分は，逆説の接続詞として単独で使うこともできます。たとえば，「○○さんならわかると思って聞いてみた。ところが，○○さんもわからなかった」などのような使い方です。これは「○○さんならわかると思って聞いたところが，○○さんもわからなかった」と言い換えることができます。

【2】「たら」の意味・用法

「たら」には，さまざまな意味があります（⇒『初級編』pp. 108-114）。ここでは，特に「～たところ」と間違えやすい意味の部分を説明します。「～たところ」はどちらかというと，改まった場面，書きことばに現れると言いましたが，反対にこの**「たら」は原則として話しことばで用いられます。**この「～たら」も「～たところ」と同様に動詞のた形に接続します。ですから，動作は過去のものについて説明します。

例（2）を見てください。ここでは出張について聞かれた返事として［空港に着いたら，迎えの人が来ていた］と述べています。この「たら」は仮定ではなく，もうすでに実現していることがらについて話すときのみ使うことができます。後に起こることは，基本的に話し手の意志ではどうにもならないようなことが述べられます。ですから，「～ていた」「～だった」などのように，何かが起きたことで結果がそうなったという状態を表す言い方や，「～がわかった」のような発見を説明するときに使います。

例（2）の［空港に着いたら，迎えの人が来ていた］以外にも，「宿題をしていたら，友だちが来た」「スーパーで買い物をしていたら，先生に会った」などのような使い方ができます。これは「空港に着いたところ，迎えの人が来ていた」「宿題をしていたところ，友だちが来た」「買い物をしていたところ，先生に会った」などと「～たところ」に置き換えることができます。

ただ，すべてが言い換え可能ではありません。たとえば「○○さんの様子がなんか変だと思ったら，家族に不幸があったことがわかった」という文を「?○○さんの様子がなんか変だと思ったところ，家族に不幸があったことがわかった」とすると，少し不自然な日本語になります。これは前の状況，すなわち「なんか様子が変だと思った」というところから，ある程度予想できる内容なので，「～たところ」が使われにくいのです。「様子が変だ→何か不幸なことがあったのではないか」という流れが見えるので，「～たら」を「～たところ」で置き換えると不自然に聞こえてしまうというわけです。

【3】「たとたん」の意味・用法

「たとたん」は，**時間的な隔たりがないときに使います。「何かが起きると，すぐに次のことが起きる」**という意味ですが，後には，予想外なこと，意外なことが書かれることが多いです。たとえば，例（2）を見てください。［空港に着いたとたん，雨が降ってきた］と言っています。空港に着くか，着かないかという時間で雨が降ってきたことを表しています。したがって，後ろに使う動詞は，話し手の意志を伝えるようなものを使うことはできません。例（3）にあるように，［保存しようとしたとたん，電源が落ちた］というように，自分の意志ではどうにもならないことを述べます。

冒頭の質問にある「たところ」と「たとたん」ですが，「保存しようとしたところ，電源が落ちた」「保存しようとしたとたん，電源が落ちた」これはどちらも言えます。なぜなら，この文は，意外な結果，しかも話し手の意志でないことが起きたということを説明しているからです。ただし，「たとたん」には「時間的な隔たりがなく，間髪を入れずに」というニュアンスを含みます。

では，「?迷子の子どもはお母さんの顔を見たところ，泣き出した」という文が何か不自然なのは，どうしてでしょうか。それは，子どもが「お母さんの顔を見た」あとに「泣き出した」のように，連続的な動作を述べる場合には「たところ」は使えず，また「お母さんの顔から何かを発見した」というニュアンスがないからです。子どもが「お母さんの顔を見た」時間から隔たりなく，すぐに「泣き出した」ということを示すので，ここでは「たとたん」を使ったほうが自然なのです。「たら」はどうでしょうか。「お母さんの顔を見たら，泣き出した」のように，「たら」は使うことができます。これは先ほど説明した通り，「たら」は前の動作から展開される次の出来事や事柄を述べることができるからなのです。

もう１つ「たとたん」とよく似た表現に「〜たかと思うと」というのがあります。たとえば「空港に着いたかと思うと，雨が降ってきた」のような使い方です。ただ「〜たかと思うと」は話し手自身の行動に使うことはできません。ですから「急に立ち上がったとたん，めまいがした」は言えますが，「?急に立ち上がったかと思うと，めまいがした」とは言えないのです。なぜなら「〜たかと思うと」は，ある状況を，「思う」の主語である「私」が客観的に観察する表現だからです。「彼女は立ち上がったかと思うと，すぐに部屋を出た」なら自然です。

提示例文

「たところ」

ホワイト：価格を下げる件，社内で検討したところ，OK が出ました。

取引先：よかったです。ありがとうございます。

(会社のプレゼンにて)

工藤：店頭で試供品を配ったところ，63% の消費者が「とてもよい」と答えました。

ホワイト：週末は何をしたんですか。

小沢：出かけていました。あ，そうそう。昔住んでいた町に行ってみたところ，見事に家がなくなっていて，大きなマンションになってました。驚いちゃった。

(真紀から先輩へのメール)

さっき，305 教室に行ったところ，誰もいなかったんですが，教室が変更になったんですか。遅れてしまったからわからないんですが，教えていただけますか。

ホワイト：就職のこと，ご両親に話してみた？

由美子：はい，先日アドバイスしていただいた通り，自分のやってみたいことを説明したところ，賛成してくれました。

ホワイト：それはよかった。また何かあったら，いつでも連絡してください。

由美子：ありがとうございます。

※この「あったら」は「仮定条件」の「たら」です。前のことを受けて，後ろは，まだ実現していないことを述べます。「今はないだろうが，もし，この先に何かあった場合は」いつでも言ってくださいという意味です。

「たところが」

小沢：あれ？　ホワイトさん，ランチに行ったんじゃなかったんですか。

ホワイト：急いで行ったところが，なんと今日は休みだったんですよ。

小沢：それは残念でした。

「たら」

小沢：このプロジェクト，もうちょっと予算増やせないかなあ。
ホワイト：難しいでしょうね。この前，部長に相談したら，無理だと言われましたから。

由美子：最近，調子がよさそうだね。
真紀：うん。朝ご飯を食べるようにしたら，体の調子がよくなったの。
由美子：へぇ，今まで何も食べてなかったんだ。

ホワイト：お疲れですか。
小沢：実は，昨日あまり寝られなかったんですよ。
ホワイト：どうしたんですか。
小沢：昨日テレビを見ていたら，大きいクモを見つけたんです。採ろうと思ったのに，できなくて。きっと今も家のどこかにいると思うと……。

真紀：ちょっと聞いて。
由美子：どうした？
真紀：昨日，上野公園を歩いてたら，俳優のＮさんに会った。
由美子：すごい！

ホワイト：体調はいかがですか。
小沢：ありがとうございます。昨日，病院でもらった薬を飲んだら，熱が下がって楽になりました。
ホワイト：それはよかった。お大事に。

「たとたん」

真紀：冬休みは国に帰ったんだよね。久しぶりに家族と会ってどうだった？

アリ：空港で家族の顔を見たとたん，思わず泣いてしまいました。

由美子：あれ？　顔，どこかにぶつけたの？　青くなってる。どうしたの？

真紀：昨日家で掃除をしてて，押し入れを開けたとたん，荷物が落ちて来ちゃって。この色，残っちゃったら，どうしよう。

由美子：大丈夫！　１週間ぐらいで消えると思うよ。

※「残っちゃったら」の「たら」は，仮定条件の「たら」です。この「たら」を使うときは，後ろにまだ起きていない出来事を持ってこなければなりません。例の場合は，「色が残ったら（仮定条件）」「どうしよう」と，まだ起きていない事柄を推量で表現しています。「仮定条件」の「たら」は，「もし」「万一」などといっしょに使って文が成立するものを指します。この例文では「もし，このまま顔に青あざの色が残った場合は」ということが表しています。

ホワイト：昨日の地震，大きかったですね。

小沢：うん。警報が鳴ったとたん，ぐらっと揺れたからびっくりしました。大丈夫でしたか。

ホワイト：本棚から本がかなり落ちましたけど，無事でした。

由美子：ああ，びっくりした。

真紀：どうしたの？

由美子：研究室のドアを開けたとたん，田中先輩がいて，もうびっくり。

コラム

「と／たら／ば」

日本語を教えている人なら，１度は「と／たら／ば」の違いをどのように教えるとわかりやすいのかということに悩んだことがあるのではないでしょうか。どちらも条件だし，う～んどうしよう。

さまざまな方法がありますが，今までやってきて学習者が「納得した」と言ってくれたものが１つあります。①「安かったら，買う」と②「安ければ，買う」の文を例に説明します。これは買うための条件は「安いこと」で，どちらも同じです。そこでこの文が答えになる質問の文を考えてみます。①「安かったら，どうしますか」「はい，買います」②「どうすれば，買いますか」「安ければ，買います」となります。どちらも「買います」と答えていますが，実は，①は後件が「？」になり，「安かったら，どうするか」と聞き，②は「どうすれば，買うのか」と，前件が「？」になっています。質問を考えることで，何を条件にしているのかが明確になるというわけです。

20 同時進行を示す

「つつ／ながら」

質問

「食べつつ, テレビを見る」と「食べながら, テレビを見る」は, 文だけ見ると同じ動作をしていると思うのですが, 何が違いますか。似た表現に「つつある」「ながらも」がありますが, この表現の使い方も教えてください。

例

（1）

工藤：本日の打ち合わせでは, 先日の課題を検討し**つつ**, 新製品開発の過程について具体的に決めていきたいと思います。

（2）

工藤：現在, 中高生を中心に色鉛筆の人気が広がり**つつある**ので, 我が社もこの流れに乗り, 新しい色鉛筆を開発できないかと考えております。

（3）

真紀：そのシャツの背中のシミ, どうしたの？

由美子：まったく, アイスクリーム食べ**ながら**, 歩いている子がいてね。よそ見し**ながら**, 歩いていたから, 目の前の私に気づかなかったみたいで, ぶつかって, ほら, これ！

（4）

アリ：「狭い**ながらも**, 楽しい我が家」ってどんな意味ですか。

真紀：狭くても，自分の家は居心地がいいという意味だよ。
アリ：確かに，僕の部屋も狭いのですが，居心地はいいです。

解説

【1】「つつ」の意味・用法

「つつ」は，硬い会話表現，または書きことばで多く使われます。例（1）のように，①**1つの動作ともう1つの動作が同時進行する**ときに用います。また，「悪いこととは知りつつ，やってしまった」などのように，②**逆接**（⇒ p. 12）として使うこともできます。「悪いこととは知りつつも」のように「つつも」と述べることもできます。この「つつ／つつも」は接続助詞の「け（れ）ど（も）」と置き換えることができます。「悪いこととは知っていたけれど，やってしまった」となります。前述のように「つつ／つつも」は硬い表現なので，どちらかと言えば，書きことばに現れることが多いと言えます。

質問にあった「食べつつ，テレビを見る」と「食べながら，テレビを見る」は，同じ行為ですが，ごく日常的な「食べる」「テレビを見る」などの語と「つつ」という硬い表現が結びつきにくいので，何となく不自然な感じを受けるのだと思います。これを硬い書きことば風に「食事をとりつつ，今日1日のニュースを視聴した」などのように，少し書き方を変えれば，「つつ」を使うことも可能です。反対に，柔らかい話しことばでは，「食事をとりながら，今日1日のニュースを視聴した」より，「ご飯を食べながら，ニュースを見た」と言ったほうがよいと言えるのは，文体による表現形式の違いというわけです。

【2】「つつある」の意味・用法

「つつある」は，**変化の継続**や**変化の途中**を示します。たとえば，例（2）［人気が広がりつつある］とは「人気の広がりが続いている」ということを示しています。「ている」と同じように使うことができます。（2）で言えば，「人気が広がっています」ということができます。ただ，すべての「つつある」が「ている」に言い換えられるかというと，それはできないのです。日本語学習者が時々「病気は治りつつある」と言いたいところを「病気は治っている」と述べることがありますが，これが正に「ている」で置き換えることができない例です。「治りつつある」と「治っている」ではまったく意味が異なります。「治りつつある」は，まだ完全によくなってはおらず，その方向に向かって，まだ変化が続いているという意味ですが，「治っている」というのは，もう既によくなっていて，回復した状態が続いているという意味です。この例から「つつある」は，何か動作の終了に向かって動作が継続している意味を表し，「ている」は，ある動作が済んだ結果，その状態が継続していることを表していることがわかります。「つつある」を「ている」にできない動詞の例として，「終わる」「消える」などもあります。「このドラマはもう終わりつつある」は，まだ終わっていないけれど，終了に向かって継続しているという意味ですが，「このドラマは終わっている」となると，もう既に終了していて，その状態が継続しているという意味です。

同様に，「ろうそくの灯が消えつつある」は，まだかろうじて火が残っている状態が続いていますが，「ろうそくの灯が消えている」は，すでに火はなく，その状態が続いているということです。似たような表現は，言い換え可能なものが多いですが，できないものもあるので，使う動詞や状況を考えていく必要があります。

【3】「ながら」の意味・用法

「つつ」と「ながら」の違いは，先ほども説明した通り，文体による表現形式の違いということになります。**「つつ」が硬い書きことばの表現であるのに対し，「ながら」は柔らかい話しことばの表現**だと言えます。**「ながら」は，「つつ」同様，1つの動作がもう1つの動作とほぼ同時期に進行するときに使います。**例（3）の友だち同士の会話を見てください。［食べながら，歩いた］というのは，正に「食べる」という動作と「歩く」という動作が同時に行われていることを示しています。「ながら」で結ばれた2つの動詞のうち，どちらが主になるかというと，これは後ろの動詞です。ですから，この例で言うと「歩くこと」が主で，それをするときにいっしょに「食べていた」ということになります。「よそ見しながら，歩く」も同様に，「歩くこと」が主で，「よそ見をすること」は副次的な要素です。同時進行の意味の「ながら」で使われる動詞は，基本的に継続的な動きを表す動詞です。

ここで少し考えてみましょう。「乗る」「読む」という動詞を使って「?バスに乗りながら，本を読んだ」と述べた場合，文として成立するでしょうか。実は「乗る」は，「食べる」「読む」などとは動詞の性質が異なるため，「バスに乗って，本を読んだ」と述べなければなりません。このように，2つの動詞を「ながら」でつなげば，同時にすることを表せると考えるのは，間違える恐れがあるため，注意が必要です。

さらに，「ながら」はほとんどの場合，人が主語ですが，人以外にも，そのものの力で動いたり，自然現象のように変化したりするものも，主語として現れます。たとえば，「低気圧が強風と大雨を伴いながら，北上している」などの文では，人が主語ではありませんが，強風と大雨を伴った「低気圧」が主語になっています。ほかにも「機関車が真っ黒い煙をあげながら，冬の町を力強く走っている」のような文です。ここでも主語は人ではなく「機関車」です。機関車が「煙をあげる」ことと「力強く走る」ことの2つの動作を同時進行させているので，このような表現になるわけです。

「つつ」と同様の意味で使う「ながら」以外にも，「ながら」は慣用表現的な使い方をするものがあります。たとえば「このしょうゆは，昔ながらの方法で作っています」「彼は生まれながらのピアニストだ」「いつもながら仕事の早さには脱帽します」のような使い方です。これは動作が並行して行われているということではなく，ある動作が変化せずにそのまま続いているという意味です。「昔ながら」は「以前の方法を変えずにそのまま」，「生まれながら」は「生まれてからずっとそのまま」，「いつもながら」は「いつもの状態がそのまま続いている」という意味になります。これはほぼ慣用的に使われます。また，「涙ながらに謝った」のような「ながらに」という言い方もありますが，これは「涙を流して」という意味です。

【4】「ながらも」の意味・用法

「ながらも」は，例（4）のように「狭いけれども，楽しい我が家」「狭いが，楽しい我が家」などと**逆接**の意味として使えます。「ながら」の形でも使うことができます。たとえば「狭いながら，楽しい我が家」でも同じ意味です。ただし，「ながら」は同時進行の意味もあるので，「ながらも」のほうが逆接のニュアンスはやや強まると言えるでしょう。「つつ」は動詞とだけ接続できますが，「ながら」の場合，動詞，形容詞，名詞などの品詞にも接続できます。逆接の意味で使う場合の動詞は基本的に「状態」を表すものが多いです。たとえば，「知っていながらも，教えてくれなかった」「いいカメラを持っていながらも，全く使っていない」などのようになります。2つの動作が同時進行する「ながら」との違いは，この動詞の種類にもあります。形容詞はどちらかというと，マイナスの意味を含めた語彙に接続します。「大きい／小さい」であれば，「小さい」に接続し，「狭い広い」であれば，「狭い」に接続します。これは「ながらも」には，マイナスのイメージを逆接で否定する機能があるからです。さまざまな品詞に接続できる例は下記の提示例文に入れてありますので，確認してください。

ほぼ慣用的に使われるものとしては「残念ながら」「勝手ながら」などがあります。「残念ながら，今日は定休日です」とか，「勝手ながら，来週1週間，休ませていただきます」のような文で使います。この場合は，「ながらも」ではなく「ながら」の形で使われます。それから，「子どもながらに，しっかりしている」のような「ながらに」という言い方もありますが，これは少し古い言い方なので，あまり耳にすることはないかもしれません。この文は「子どもであるけれども」という逆接の意味です。

提示例文

「つつ」

工藤：ホワイトさん，ちょっと。
ホワイト：何でしょうか。
工藤：今やっている業務を進めつつ，データ入力もしてもらえないかな？　小沢さんが出張中なので，人手が足りなくて。
ホワイト：わかりました。

工藤：先日の打ち合わせの結果はどうなった？
小沢：すみません。ご報告が遅れました。部署のメンバーと話し合いつつ，今後の方針を決めていくということになりました。
工藤：小沢さんは，ほかのプロジェクトの仕事もしつつやるから，大変だろうけれど，よろしく。

「つつある」

真紀：先日，友だちのお母さんが入院したって言ってたけど，どうだったの？

アリ：おかげさまで，何とかよくなりつつあるって聞いたんだけど，心配です。

真紀：確か，レストランやってたよね。友だちは店を手伝ってるってこと？

アリ：そうなんです。夜遅くまで手伝いながら，大学に通うって大変みたいです。

「ながら」

真紀：子どものときに親から１番注意されたことって何？

アリ：いろいろありますよ。言われてもやめられなかったのは……。

真紀：うん。

アリ：音楽を聞きながら勉強すること。

真紀：ああ，ながら族ね。それ，私もずっとしてた。親には集中できないでしょって言われたけど，違うよね。

真紀：この映画，楽しみ！

茂：ずっと見たいって言ってたもんね。

真紀：始まる前に，まずはポップコーンを買いに行こう！

茂：うん。映画はポップコーンを食べながら見るのが最高だからね。

「つつ／ながら」

由美子：週末にあるゼミの飲み会，行く？

真紀：行かない。

由美子：どうして？

真紀：その日，彼氏とデートする約束があって……悪いと思いつつ，断っちゃった。

由美子：ちなみにどこでデートする予定？

真紀：スポーツ・バー。

由美子：スポーツ・バー？

真紀：うん。お酒を飲んだり，ご飯を食べたりしながら，大きいモニターでスポーツを観戦するバー。

「ながら（も）」

小沢：このはさみ，使ったことありますか。

ホワイト：Y社で出しているものですよね。

小沢：はい，当社のものより20円ぐらい安いんですが，大きさが半分ぐらいなんです。

ホワイト：そう，でも小さいながらも，素晴らしい切れ味で，いいですよね。

小沢：当社のも1度見直したほうがよさそうですね。

（プレゼンにて）

工藤：我が社は，10年以上前に色鉛筆を発売していながらも，その後，大きな改良をしておりませんでした。そこで今回，新しいニーズに応えられる物を開発したいと考えました。

真紀：さっきの授業でいっしょだった山口さんって知ってる？

アリ：はい，さくらさんのことですか。

真紀：そう。彼女のうちは，すごいお金持ちながら，全然派手じゃなくて，いいんだよね。

ホワイト：今日，びっくりしました。

小沢：えっ，何にですか。

ホワイト：家の近くに小学校があるんですが，その子どもたちが僕の顔を見て「おはようございます」っていうんですよ。多分，1年生ぐらいだと思うんですが，子どもながらも，きちんと大人の顔を見て挨拶できるって，すごいなって感じました。

※この「子どもながらも」は「子どもながらに」に言い換えることもできます。ただ，話しことばではなく，書きことばに現れることが多く，小説などの中で見かけます。

小沢：もうすぐ母の日だけど，ホワイトさんは国のお母様に何か送ったりしていますか。

ホワイト：毎年，何か送ろうと思っていながら，いつもぎりぎりになってしまって，結局，母に電話して終わりです。

アリ：今日の講義で出てきた「敵ながらあっぱれ」って，どういう意味ですか。

真紀：「敵だけれども，すごい」っていう意味じゃない？

アリ：「あっぱれ」は，すごい？

真紀：そう。本当は敵だから，ほめるのは変なんだけれど，敵だけれども作戦が見事だったり，負けても態度が素晴らしかったりしたときに「敵だけれども，すごい」ってほめるときに使うんだよ。

アリ：いいですね。

「つつある／ながらも」

ホワイト：そういえば，今日も小沢さんは休みですか。

工藤：うん。元気になりつつあるみたいなんだけど，まだ本調子ではないそうですよ。

ホワイト：そうですか。

〜数日後，小沢が出社する〜

小沢：先週はデータ入力をしてくださったと聞きました。ありがとうございました。

ホワイト：いえいえ。もう体は大丈夫ですか。

小沢：はい，おかげさまで元気になりました。先週は迷惑をかけて申し訳ないと思いながらも，ずっと頭が痛かったので，休みを取りました。すみません。

21 「て形」を用いた表現

「ていく／てくる／ている／ていた／てしまう」

質問

「もうご飯を食べましたか」と聞かれて，「いいえ，まだ食べません」と答えるのは初級の使い方で,「て形」を習ったら,「まだ食べていません」と答えましょう，と言われました。なぜですか。それから「台風が北海道に向かっていく」と「台風が北海道に向かっている」は同じ意味ですか。「ていく」「てくる」の使い方がよくわかりません。

例

（1）

真紀：日本の冬は慣れた？
アリ：うん，もう寒さは平気！
真紀：でも，これからもっと寒くなっていくよ。風邪を引かないように気をつけて。

（2）

茂：そろそろ帰ろうか？
真紀：そうだね。もう暗くなってきたしね。

（3）

ホワイト：あっ，雨が降ってきました。
小沢：傘持ってくるの，忘れちゃった。

(4)

由美子：真紀，パソコン貸してくれる？　バッテリー持ってくるの忘れちゃって使えなくなっちゃった。

真紀：いいよ。でも今，使っているから，あと 10 分待って。

(5)

真紀：アリさんは何か運動してる？

アリ：はい，毎日 30 分くらい散歩しています。

真紀：へぇ，すごいね。

(6)

ホワイト：この時計，止まってる。

小沢：あ，今朝私が見たときにはもう止まっていましたよ。

ホワイト：そうですか。

(7)

真紀：国際協力論のレポート用資料，調べ終わった？

由美子：まだ。今週中に調べちゃおうと思ってる。

真紀：やっぱり早く終わらせたほうがいいよね。

(8)

小沢：すみません。昨日提出した報告書で，売上げを間違えて書いてしまいました。

工藤：数字，間違ってたね。すぐに直しておいてもらえる？

小沢：はい。すぐに修正します。

解説

【1】「ていく」の意味・用法

「ていく」は，①**現在を基準にして，今後の変化や推移を説明する**，②**話し手から離れていく**という 2 つの意味があります。

①の中には，さらに 2 つの事象があります。まず，**「長期的に継続して何**

かを行っていく」という意味です。たとえば「子どもが生まれてからも，仕事は続けていくつもりです」「初級が終わっても，英語の勉強をしていく予定です」などです。さらにもう１つ，**「変化や推移を説明する」**という意味があります。例（1）のように［寒くなっていく］「ダイエットしているのに，体重は減るどころか，どんどん増えていく」「働き方改革で若い人の企業での働き方は今後変わっていくはずだ」などのように使います。「ていく」を使った場合，話し手の視線は，時間軸の未来の方を見ています。現在に立っている話し手が，未来の方を見て，現在の事象がどうなっていくのかを述べているわけです。

②はどのような意味でしょうか。これは「友だちは『またね』と言って，あっという間に走って行ってしまった」「彼女は泣きながら，部屋を出て行った」「坂道を歩いていたら，電動自転車が来て，抜かれたと思ったら，あっという間に上って行った」などのように使います。これは時間の基準というより，話し手を基準にして，その話し手から**ある動作が離れていく**という意味になります。これは何か動作や事象が継続しているわけではありません。

では，質問にあった「台風が向かっていく」と「台風が向かっている」という文は同じでしょうか。もちろん，現在を基準にして台風が北海道に向かうという事象は変わりません。ただ，「向かっていく」と言うと，台風が話し手のいる地点から遠ざかるというニュアンスが入ります。「向かっている」だと，どこからか来た台風が，現在北海道に向かって動いているということを伝えています。そのため，北海道の人に対しては「現在，台風が向かっていますので，気をつけてください」と述べたほうが自然です。

ここまでの文の表記で気づいたことはあるでしょうか。「寒くなっていく」「増えていく」は「いく」を漢字で書いていません。しかし「走って行く」「出て行った」については「行く」と漢字で表記しています。これには実は理由があります。「寒くなる」と「いく」という結びつきを考えると，ほとんど「いく」については意味が残っていません。一方，「走る」と「行く」については「行く」という本来の意味が残っています。このように「いく」について，前の動詞とほぼ同様の意味を持っている場合は「いく」は漢字で表記しますが，意味を失っている場合は，ひらがなで表記します。これは，次に扱う「てくる」も同様です。

【2】「てくる」の意味・用法

「てくる」は，どのような意味を持っているのでしょうか。「てくる」も「ていく」同様，複数の意味を持っています。①**現在を基準にして，これまでの変化や推移を説明する**，②**話し手に近づいてくる**，③**動作の順序を表す**という3つの意味があります。

①の中には「ていく」と同様に，2つの事象があります。まず，「子育てしながら，これまでずっと仕事を続けてきた」「卒業するまでアルバイトをしてきた」などがこの例です。**「現在という時間軸までに継続してきたこと」**について述べています。また，もう1つの意味として例（2）のように［暗くなってきた］「ここ2，3年で高齢者人口が急激に増えてきた」「4時半を過ぎたら，外が明るくなってきた」などがこれに当たります。話し手の視線は，現在に立ち，**「現在までに起きた変化」**について述べているわけです。

②は「話し手に近づいてくる」という意味ですが，「ていく」同様，「歩いて来る」「走って来る」「飛んで来た」など，「歩く」「走る」「飛ぶ」という行為が**「自分の方に近づいてくる」**，または**「近づいてきたこと」**を意味しています。これは事象または動作が「継続」しているわけではなく，自分の方にそれが近づいてきた，つまりどうやって移動してきたのかということを表しています。「近づいてくる」という事象には，移動を表すこともできますし，さらには，例（3）の［雨が降ってきました］や，「お腹が痛くなってきた」などのように，ある状態・出来事が**出現**し，自分の方に近づいてきたという意味も表します。

③は**動作の順序**です。たとえば「宿題が終わったから，友だちの家に遊びに行ってくる」「昼休みのあいだに，病院へ薬を取りに行ってくる」「お茶を買ってくる」などです。「～てから来る」という動作の順序を説明しますが，これは最初の地点に戻ることが前提です。「遊びに行ってくる」は「遊びに行って戻ってくる」という意味ですし，「お茶を買ってくる」「薬を取りに行ってくる」もすべて，その動作を終えたら，元いた所に戻るという意味があります。

「てくる」も「ていく」と同様に，漢字表記にしたり，ひらがな表記にしたりしますが，それは前の動詞とほぼ同様の意味を持っている場合は「ひらがな」で，「来る」という動詞の意味が残っているときは「来る」と漢字で表記します。

【3】「ている」の意味・用法

「ている」は表す意味が多いので，1つずつ説明します。

まず，①**「動作の進行・継続」**の意味です。例（4）を見てください。これは［今，使っている］と言っています。「今，使うという動作が進行していること」を表しています。「今，ご飯を食べています」「勉強しています」「本を読んでいます」など，「今」何をしているか，どのような動作が進行しているかということを述べるときに使います。

次に，②**「ある動作が終わった結果の状態」**を表すときに使います（⇒『初級編』pp. 92-95）。たとえば「窓が開いています」「この車は壊れています」「田中さんは結婚しています」などです。「窓を開けた→開いている状態が残っている」「車が壊れた→車は壊れた状態のまま残っている」「田中さんは結婚した→今も結婚した状態が続いている」のように，ある動作が終わった結果が，そのまま残っている，または存続したままであることを表しています。

そして，③**「反復動作」**や**「習慣」**などを表すときに使います。例（5）の文にある［毎日散歩しています］という文です。ほかにも，「毎朝コーヒーを飲んでいます」「毎日寝る前に日記を書いています」などがこの例です。

それから，④**「完了」**です。たとえば「その映画はもうすでに見ています」という文です。「もう」「すでに」などの副詞を伴うことが多いです。また，**「未完了」**も表します。例としては，冒頭の質問にある「まだご飯を食べていない」という文がこれに当たります。「ご飯食べた？」と聞かれて，まだ食べ終わっていない，つまり「食べる」ことが完了していない，実現できていないということで「食べていない」となるわけです。質問にあった「もうご飯を食べましたか」と聞かれて「まだ食べません」より「まだ食べていません」のほうがよいのは，この理由です。「食べていません」と答えることで，「食べる動作はまだ完了していない」ということを端的に伝えることができます。

⑤**「経歴」**という意味もあります。これは「経験」「記録」などということばで説明されることもあります。「Aさんは，生徒会長選挙で2回選ばれている」「ヨーロッパには何度か行っている」などのように使います。「選ばれた経歴がある」「行った経験がある」などの意味を表します。

最後に，常に「ている」の形でしか使わない動詞があります。⑥**「状態や**

性質」を表すものです。「3,000メートル級の山がそびえている」「あの道は曲がりくねっている」「兄と姉は本当によく似ている」などがこの例です。

【4】「ていた」の意味・用法

「ていた」は，「ている」に過去の意味を持たせます。いくつか見てみましょう。

まず，①**「動作の進行・継続」**の意味があります。たとえば「昨日地震があったとき，何をしてた？」と聞かれ，「そのときは，ちょうど晩ご飯を食べていた」と答えた場合，この「食べていた」が過去における動作の進行に当たります。「晩ご飯を食べていた」のは，どれぐらいの時間かはわかりませんが，ある程度の時間はあったと思われます。過去のある時点で，その動作がある程度の時間，継続していたという意味です。

次に②**「結果の状態」**です。「ている」で「窓が開いている」という文を例にしましたが，同様に「窓が開いていた」というのがこの意味です。「窓が開いた」その状態が残っていたということを表します。例（6）にある［時計が止まっていた］もこの意味です。いつかはわからないけれど「時計が止まった」という結果の状態が続いていたことを説明しているわけです。話し手が見ているのは，過去についてのある時点で，終わった動作の結果が残っていることを表しています。事故を目撃したことを警察に聞かれたときに「そういえば，あの車は昨日からずっと止まっていました」と話した人は，いつ止められたのかはわからないけれど，思い出してみると，昨日には止められていてその状態が続いていたということを説明しているわけです。

さらに「ている」同様③**「反復動作」**の意味もあります。「公園のそばに住んでいたときは，よく散歩していた」「子どものころ，よく海を見に行っていた」「旅行先でよく写真を撮っていたものだ」などがこの意味・用法です。また，④**「完了」**の意味で「空港に着いたとき，すでに飛行機は出発していた」のように，過去の時点における完了を表すこともできます。そして，⑤**「経歴」**では「友だちから映画に誘われたが，その映画は1度見ていたので，行かなかった」など，過去の時点における経歴や経験，記録を表します。⑥**「状態や性質」**もあります。「あの道は以前，曲がりくねっていた」「子どものころ，兄と姉は本当によく似ていた」などがこの例です。

ほかにも，⑦**条件表現といっしょに使う「～ていたら（ていれば）～てい**

た」という言い方もあります。これは実際には起きなかったけれど,「〜ていたら(ていれば)〜だっただろうに」という意味で使います。たとえば「もう少し早く駅に着いていたら,1本早い電車に乗れていただろうに」「もっと早く病院に行っていれば,ここまで悪くなっていなかったかもしれない」などのように使います。前者の文は,実際には「駅には早く着かなかったので,早い電車には乗れていない」のですが,「もし早く着いていたら」という反事実条件の中で,成立したであろうことを述べています。常にこうなるわけではありませんが,条件表現といっしょに使われることが多いです。

最後に,これは意味というより,話し手がどう伝えようとしているかにかかわる問題ですが,「〜た」という場合と「〜ていた」という場合の違いを説明します。

A:同窓会にDさんは来ましたか。
B:はい,来ましたよ。
C:はい,来ていましたよ。

この会話では,BもCも「Dが来たこと」を伝えていますが,これを聞いてAさんはどう感じたでしょうか。みなさんはどう感じましたか。「来ましたよ」というと,確かに「来ましたか」という問いへの明確な答えとして「来た」ことを伝えています。けれども「来ましたか」という問いに「来ていましたよ」と言うと,たとえばCさんは同窓会の世話役をしていて,誰が来ていたかについてよく知っているなどの印象を与えます。「ていた」を使うと,このような効果があります。「子どものころ,近くの公園で友だちと暗くなるまで遊んだ」「子どものころ,近くの公園で友だちと暗くなるまで遊んでいた」の2文を読んでみなさんはどのように感じるでしょうか。「遊んだ」というのは単に事実を述べていますが,「遊んでいた」と言うと,どう過ごしていたかについて情景がより鮮明に伝わるのではないかと思います。

【5】「てしまう」の意味・用法

例(7)に[今週中に調べちゃおう]とあるように,「てしまう」には①**「完了」**の意味があります。「ちゃおう」は「〜てしまおう」のくだけた話しことばですから,「調べてしまおう」と同じ意味です。このように,動詞を「てしまう」の形にすると，その動作が完了するという意味になります。ここでは「調べる」ことを終わらせるという意味です。

もう１つは，例（8）[間違えて書いてしまいました] のような② **「残念・後悔」** の意味です。たとえば「財布を落としてしまいました」「パスポートを失くしてしまいました」などがこれに当たります。「ああ困った」「どうしよう」という気持ちが伝わります。使い方として「壁に落書きをされてしまって，困っている」などのように，受身形といっしょに使われることもあります。

また，「～てしまう（～ちゃう）」は使われる文脈などによって意味が変わってきます。たとえば，「いっしょに晩ご飯を食べに行きませんか」と誘われ，「食べてしまったので，また今度にしましょう」と答えた場合，完了の意味とも残念の意味とも解釈できます。文頭に「もう」という副詞があれば完了の意味になり，文頭に「あいにく」という副詞があれば残念の意味になります。

【6】「て形」を用いた表現

以上のように「て形」を用いた表現にはさまざまなものがあります。文法用語で，動作・出来事などがどの段階にあるのか，その局面を表す文法カテゴリーのことを「アスペクト」と言います。これを上手に使うことで，先ほどのように「子どもの頃，よく公園で遊んでいた」などと情景を伝えることができます。また，「財布を落としてしまった」のように，そのことでどんな気持ちになったのかという「ムード・モダリティ」を表すこともできます。「て形」を用いた文型をうまく使うことは，豊かな表現につながるのではないでしょうか。

提示例文

「ていく」

小沢：日本の人口はこれからどうなっていくんでしょうね。
工藤：そうですね。今後も何か対策をしないと，少子高齢化はどんどん進むんじゃないかな。
小沢：ますます大変になっていく，ということですね。

アリ：先週から野菜がすごく高いんですけど，どうしてですか。

真紀：先月，雨が多かったでしょう。そのせいらしいよ。でも，今後も天気が悪いままだったら，もっと値段が上がっていくんじゃない？

アリ：困りました。

「てくる」

真紀：ここ数年，日本の夏は異常って言えるほど，暑くなってきちゃって。

アリ：本当に。僕が日本に持っていたイメージとは少し違いますね。

真紀：もし，このまま温暖化が進めば，もっと気温が上がっていくんじゃないかと思う。

アリ：日本だけの問題じゃないですね。

アリ：この写真の男の人はどなたですか。

真紀：私の高校のときの担任の先生。20 年近く，高校で教えてきた先生だよ。

アリ：へぇ，長いですね。もう辞めたんですか。

真紀：ううん。この前連絡してみたら，まだ学校にいらして，これからも定年まで教えていくつもりだって言ってた。

「ている」

アリ：あそこに座っている人の名前，知っていますか。

真紀：うん。前の授業でいっしょだったから，名前知ってるはずなんだけど……ごめんなさい。忘れちゃった。

小沢：ホワイトさんは以前，本を読むのが好きだって言っていたけれど，いつ読むんですか。

ホワイト：ほとんど電車に乗っているときに読んでいますよ。ただ，最近自転車通勤にしたから，読む時間が減ってしまって。

小沢：私なんか，電車の中はいつも寝てしまっています。

真紀：この映画，面白そう。見てみない？
由美子：どれどれ。ごめん。この映画，すでに見てるなあ。
真紀：じゃあ，ほかのにしよう。
由美子：これなんかどう？　さっきのとちょっと似てるけど，よさそうじゃない？
真紀：うん，いいね！

「ていた」

真紀：昨日，6時と7時に電話したんだけど。
由美子：ごめん。お風呂に入ってた。
真紀：え！　1時間も？
由美子：うん，いつも1時間以上お風呂に入るの。高校生のころは2時間以上入ってたよ。
真紀：ほんとお風呂が好きなんだね。

「てしまう」

真紀：この本，面白そうだね。読んでみたいんだけど，2週間ぐらい借りてもいい？
アリ：もう読んじゃったから，いいですよ。
真紀：ありがとう。ところで，この本ってミステリー？
アリ：妻の日記を読んでしまった夫の話です。その夫が妻の秘密を知るというサスペンスホラー
真紀：へぇー。少し怖そうだね。

ホワイト：小沢さん，今日のランチどうしますか。食べに行こうと思っているんですが。
小沢：ありがとう。でも今日はお弁当作ってきてしまったから，食堂で食べます。
ホワイト：わかりました。

22 「試みる」のいろいろ

「てみる／てみると／てみたら／てもみない」

質問

「食べてみると，おいしかった」「食べてみたら，おいしかった」の文には違いがありますか。どちらもほぼ同じ意味だと思いますが，どう違うのか教えてください。それから，「食べてみる」のように「みる」を漢字で書かない理由も教えてください。

例

（1）

アリ：スマートフォン，動かなくなっちゃった！
真紀：ちょっと貸し**てみて**。あ，これは再起動すれば直るよ。

（2）

工藤：来週の商談，小沢さんもいたほうがいいと思うんだけど，来られないかな？
ホワイト：どうでしょう。小沢さんに聞い**てみます**。

（3）

由美子：弓道ってやったことある？
真紀：うん，何回かあるよ。やっ**てみると**，意外とハマるよ。
由美子：へぇー。今度，部活動見学してみよう。

（4）

小沢：この商品，昨年より売れ行きがよくないんですよね。
ホワイト：そうですか。試しにお客様の声を調べ**てみたら**，どうですか。

小沢：そうですね，そうします。

（5）

真紀：この本，面白かった？

アリ：うん，すごく。思ってもみない結末が待ってますよ。

真紀：じゃあ借りてもいい？

解説

【1】「てみる」の意味・用法

「てみる」「てみると」「てみたら」はすべて，**「試しに〜する」**という意味です。それがどのようなものか，どのようなところかなどわからないので，実際にそれを試みるときに，「食べてみる」「飲んでみる」「着てみる」「行ってみる」などの言い方をします。

例（1）では，動かなくなったスマートフォンを「貸してもらって試す」ので［貸してみて］となります。また，例（2）でも，実際に［聞いてみる］という行為があるので「てみる」を使うことができます。しかし，あることを試みようと思っていても，それをしなかった場合，たとえば，「?行ってみたが，行かなかった」「?読んでみたが，読まなかった」などは，実際の行為をしていないので，このように述べることはできません。同じ意味で述べようとするなら，「行ってみようと思ったが，行かなかった」や「読んでみようと思ったが，読まなかった」などとする必要があります。

また，あくまでも「てみる」は「試しにする」という意味があるので，「将来，外国に住んでみたい」という文は，「外国に住みたい」という文より，希望を表す気持ちは弱くなります。

「てみる」を使った文型として〈V てみてください〉〈V てみてもいいですか〉〈V てみたい〉などがありますが，どれも後ろに続く文型の本来の意味よりニュアンスは弱くなります。「食べてください」より「食べてみてください」のほうが控えめな指示になり，「食べてもいいですか」より「食べてみてもいいですか」のほうが聞き方としては柔らかい印象になり，「食べたい」より「食べてみたい」のほうが先ほどの「外国に住む」の例文同様，希望としては少し控え目な印象を与えます。

【2】「てみると」の意味・用法

「てみると」は，「試しにしてみる」という意味に「と」の機能が加わったものです。「と」にはさまざまな機能がありますが，ここでは発見の「と」を思い出してください。「窓を開けると，海が見えた」「家を出ると，そこは一面の銀世界だった」など，**あることをした結果，何かを発見した**という意味です。例（3）では，［弓道をやってみると，意外とハマる］と言っていますから，「実際に弓道を試みることで，面白さやもっとやりたいと思わせる何かを発見する」という意味になります。「解説書を読んでみると，作者の意図がよくわかる」「家で仕事をしてみると，仕事と生活のメリハリをつける難しさを痛感する」「要点を整理してみると，書きたいことが明確になる」などの例文も考えられます。「解説書を読む」「家で仕事をする」「要点を整理する」などは，それをする人の意志が含まれた動作です。

一方で，話し手の意志がない動作を使う場合もあります。たとえば，「言われてみると，確かに私にも悪いところがあったと思う」「一晩中吹き荒れた台風も，一夜明けてみると，青空になった」などがこの例です。この場合は,「言われる」「一夜明ける」ということがあって「私にも悪いところがあったと思う」「青空になった」という状態に変わったことを表しています。

【3】「てみたら」の意味・用法

「てみたら」も，「てみると」と同様，**試しに何かをした結果，あることを発見したり，驚いたりした**という意味です。「てみると」との違いは「と」と「たら」の違いから来ています。「まずいと思っていたけれど，食べてみたら，おいしかった」「コンサートのチケットを予約しようと思って電話してみたら，もうすでに売り切れだった」「ダメ元でJLPTのN2を受けてみたら，ぎりぎりだったけれど，合格した」などのようになります。「まずいと思っていたけれど，試しに食べたら，おいしいということを発見した」「試しに電話したら，売り切れだということがわかった」「合格するかどうかわからなかったけれど，ダメ元で試しに受けたら，合格した」など，それぞれしたことの結果，新たな発見をした，驚いたという意味になります。

【4】「てみると」と「てみたら」の違い

では「てみると」と「てみたら」は，どのように違うのでしょうか。言い換えができるかどうか，確認してみましょう。

①解説書を読んでみると，作者の意図がよくわかる。
→①'?解説書を読んでみたら，作者の意図がよくわかる。
→①'' 解説書を読んでみたら，作者の意図がよくわかった。
②家で仕事をしてみると，仕事と生活のメリハリをつける難しさを痛感する。
→②'?家で仕事をしてみたら，仕事と生活のメリハリをつける難しさを痛感する。
→②'' 家で仕事をしてみたら，仕事と生活のメリハリをつける難しさを痛感した。
③要点を整理してみると，書きたいことが明確になる。
→③'?要点を整理してみたら，書きたいことが明確になる。
→③'' 要点を整理してみたら，書きたいことが明確になった。

①の文では，①''「解説書を読んでみたら，作者の意図がよくわかった」と文末を過去形にしたほうが自然に聞こえます。アドバイスとしてなら，①'「よくわかる」のように言うことができます。「読んでみたら，作者の意図がよくわかるよ」とすれば，さらによさそうです。それから，②の例文では，文末の「痛感する」をそのままにし，「てみると」を「てみたら」にすると②'になりますが，少し不自然に聞こえます。②''のように文末を「痛感した」とすれば，特に問題はなさそうです。③も，③'のように「要点を整理してみたら，書きたいことが明確になる」とすると，ちょっと不自然に聞こえますが，「要点を整理してみたら，書きたいことが明確になるよ」のようにアドバイスにすると，問題はありません。「てみたら」の中には，このようにアドバイスになるような要素が含まれていることがわかります。

例の（4）も，[お客様の声を調べてみたら，どうですか] というアドバイスをしています。「試しに～してみたら，どうですか」というときに使えることがわかります。くだけたアドバイスの表現として「～てみたら？」がありますが，「?～てみると？」という言い方はできません。

さて，質問にあった「食べてみると，おいしかった」「食べてみたら，おいしかった」は違うのでしょうか。

①? 食べたことはなかったけれど，食べてみると，おいしい。
①' 食べたことはなかったけれど，食べてみると，おいしかった。
②? 食べたことはなかったけれど，食べてみたら，おいしい。
②' 食べたことはなかったけれど，食べてみたら，おいしかった。

?の文も言えないわけではないのですが，どちらかと言うと，ちょっと不自然に聞こえます。これは，前の文が「食べたことはなかったけれど」と過去形が使われているためだと言えます。また，「みると」と「みたら」の違いは，「と」「たら」の機能の違いから来ています。「窓を開けると，海が見えた」「窓を開けたら，海が見えた」の2つの文は，どちらもそこに海が見えたことを説明しています。しかし，「と」は，前の出来事と後の出来事の時間的な隔たりが少なく，どちらかというと「間を置かずに」起きるときに使いますが，「たら」は，もう少し時間的なゆとりがあり，「開けてみたところ，見えた」というニュアンスの違いがあります。

「てみる」だけを考えると，「てみると」と「てみたら」は同じように見えますが，実は「と」「たら」の機能が影響しているというわけです（⇒『初級編』pp. 108-114）。

【5】「てもみない」の意味・用法

例（5）のように，**「思ってもいなかったこと」が起きた**という意味です。「思ってもみなかった」「考えてもみなかった」という言い方はほぼ慣用的に使われています。「試験に落ちるなんて思ってもみなかった」「あそこで有名人に会えるなんて思ってもみなかった」「始めたときは大したことないと思っていたのに，こんなに大変なことだとは考えてもみなかった」などのように使います。「試験に落ちるなんて」「有名人に会えるなんて」など「なんて（⇒ p. 185）」といっしょに使われることも多いです。それから，「去年離婚したばかりなのに，Aさんがまさかすぐに再婚するなんて思ってもみなかった」のように，「まさか」といっしょに使われることも多いです。この文は「想像もできなかった」という驚きを表しています。そして「思う」「考える」など思考を表す動詞で使われることが多いです。この「～てもみなかった」は，「まったく～できなかった」という意味をかなり強く言いたいときに使います。

似た表現に「～てもみないで」がありますが，これは**「試しに～ていないのに」**という意味で使われます。たとえば「やってもみないで，『できない』と言うのはよくない」のように言うことができます。

【6】「みる」の漢字について

最後に「てみる」「てみると」「てみたら」の「みる」になぜ「見る」という漢字を使わないのかという冒頭の質問に答えます。「～てみる」の「みる」は，文法的には**補助動詞**と言います。補助動詞になった動詞は，本来の意味がほとんどなくなり，前の動詞の補助的な役割しか果たさなくなっています。

①本動詞　　見る
②補助動詞　（開けて）みる（本動詞「開ける」の補助的役割）
　　　　　　※意味は「試しに～する」

ほかにも「おく」があります。

①本動詞　　置く
②補助動詞　（開けて）おく（本動詞「開ける」の補助的役割）
　　　　　　※意味は「前もって～する」「そのままの状態を保持する」などがあります（⇒『初級編』pp. 96-99）。

以上のように，補助動詞になると，基本的に漢字ではなく，ひらがなを使います（⇒『初級編』p. 169）。

提示例文

「てみる」

真紀：すみません。この靴，ほかの色はありますか。
店員：はい，黒のほかに茶色と白がございます。
真紀：白……汚れが目立ちそうだけど，履いてみてもいいですか。
店員：はい，もちろん。お持ちします。

教員：「開発教育」と聞いて何を思い浮かべますか。何でもいいですから，2分くらいで自由に書いてみてください。

小沢：ホワイトさん。最近，ちょっとスリムになった？
ホワイト：そうなんですよ。先月から電車通勤を止めて，自転車にしてみたんです。私も小沢さんの真似をしてみました。
小沢：へぇ，どう？　大変？
ホワイト：してみたら，予想外に大変でしたよ。疲れちゃって。

「てみると」

アリ：昨日の宿題の本，読んでみましたか。
真紀：ううん，まだ。もう読んだの？
アリ：ちょっと目を通してみました。真紀さんも読んでみると，わかると思いますが，とにかく難解で……来週までに読めるかどうか心配です。

工藤：先週頼んでおいたデータの整理，終わった？
小沢：はい，グラフにしておきました。今，お持ちします。
工藤：ありがとう。（グラフを見て）こうしてグラフにしてみると，Y社との違いがあまりないということがよくわかるね。

ホワイト：財務の小林さんって話しにくいですか。
小沢：一見するとそう見えるけど，話してみると，気さくな人でしたよ。
ホワイト：ああ，よかった。実は予算の修正をお願いしたくて。

「てみたら」

アリ：ロボット掃除機って使ったことありますか？
真紀：あるよ。使ってみたら，すごく便利だったよ。
アリ：そうなんですね。買ってみようかな。

茂：この色なんかどう？　春らしくてきれいだよ。
真紀：ええ？　私，こんな色のスカート履いたことないし，似合わないよ。
茂：まだ履いてないのに，わからないじゃない。履いてみたら？きっと似合うと思うよ。

真紀：この前言っていた本，読んでみたよ。
アリ：どうでしたか。
真紀：読んでみたら，アリさんの言っていた意味がよくわかった。今，2回目読んでいるところ。

「てもみない」

アリ：昨日すごいことがあったんですよ。
真紀：すごいことって何？
アリ：僕が大好きなバンドのZZZを渋谷駅で見かけたんです。もうびっくりしちゃって。駅のあんなところで会えるなんて思ってもみなかったから。

小沢：このプロジェクト，難しそうだなあ。
ホワイト：やってもみないで，諦めちゃうのはもったいないですよ。
小沢：そうですね，少し考えてみます。

アリ：「食わず嫌い」ってどういう意味ですか？
真紀：食べてもみないで，ある食べ物が嫌いだと決めつけることだよ。
アリ：そうなんですね。よくわかりました。ありがとう。

23 対象を説明する

「向き／向け」

質問

「学生向きのアパート」と「学生向けのアパート」は同じですか。もし，違うならどういう使い分けをしますか。

例

（1）

由美子：この辺にいいかばん屋さんない？

真紀：どうしたの？

由美子：今度の夏休みに北海道旅行をするから，旅行向きのかばんを買おうと思ってるんだ。

真紀：なるほどね。だったら，駅の近くにいい店があるよ。

（2）

真紀：「ナッシュの大冒険」っていう映画，見たことある？

アリ：いいえ，ありません。どんな映画ですか。

真紀：もともとは子ども向けに作られたものらしいんだけれど，大人が見てもすごくいいんだって。

解説

【1】「向き」の解説と用法

「向き」で使われる「向」は，もともと方向を表す漢字です。ですから，「向き」には①**「方向」**の意味が含まれています。「南向きの部屋」というと，南に向いている部屋という意味になります。「風向きが変わった」などという言い方を聞いたことがあると思いますが，これも風の方向が変わったという意味です。ただし，この文にはもう１つ意味が隠れていて，単に風の向きが変わったというだけでなく，「流れが変わる」つまり，形勢が変わるという意味を含みます。また「向き」には，②**「ふさわしい，適している」**という意味があります。例（1）の［旅行向きのかばん］がこの例です。旅行にふさわしい，適しているかばんという意味です。「学生向きのアルバイト」「ビジネスマン向きのかばん」「子ども向きの番組」などがこれにあたります。それぞれ「学生に適したアルバイト」「ビジネスマンに適したかばん」「子どもに適した番組」という意味を表します。「向き」には③**「志向」や「傾向」**という意味もあります。たとえば，「A さんは何ごとも悪いほうに考える向きがある」「彼女は人の言うことを真に受ける向きがあるから，言い方に気をつけないといけない」などのように使います。これも，元々の「方向」の意味から来ています。

「適している，ふさわしい」という意味で，「向き不向き」という慣用句があります。「何ごとも向き不向きがあるから，すべての人ができるわけではない」と使います。誰でも得意なこと，不得手なことがあるという意味です。

【2】「向け」の意味・用法

「向け」はどのような意味があるのでしょうか。「向き」が「ふさわしい，適している」という意味であるのに対して，「向け」は①**「～を対象として」**という意味になります。例（2）の［子ども向け］は「子どもを対象とした」という意味です。「子どものために」と言い換えることもできます。

ほかには「学生向けの部屋」「女性向けの雑誌」「留学生向けの辞書」などもこの例です。また，②**「送り先」**という意味もあります。たとえば「アメリカ向けの商品」「ヨーロッパ向けの作品」などです。実際に物を送るわけではありませんが，「国内向け：海外向けの放送」もこの例です。

「向け」は「向けに」という形でも使います。「留学生向けに日本語教室を開く」「高齢者向けに運転練習場を設置する」「アルコールは飲めないけれど，雰囲気を楽しみたい人向けにノンアルコールのカクテルを発売する」などがこの意味での例になります。ただ，意味は「～を対象として」という「向け」の意味と違いはありません。「子ども向けの映画」「学生向けの部屋」のように〈N_1 向けの N_2〉になるか，「留学生向けに日本語教室を開く」のように副詞として使うかの違いです。

【3】「学生向き」と「学生向け」の違い

冒頭の質問にある［学生向きのアパート］の意味は，「学生が住むのにふさわしい，適しているアパート」という意味になり，［学生向けのアパート］は，「学生を対象としたアパート」という意味になります。

「向き」は自動詞「向く」の名詞化で，「向け」は他動詞「向ける」の名詞化です。これをもとに考えると，「学生向きのアパート」は，学生に向いている，つまり造りや家賃などが学生に適しているもので，「学生向けのアパート」は，学生に向けて造られた，つまり学生が住むことを念頭に造られたものとなります。

提示例文

「向き」

小沢：そのノートパソコン，いつから使ってるんですか。
ホワイト：先月からです。小さいし，軽いし，持ち運びに便利なんです。
小沢：仕事向きでいいですね。
ホワイト：本当は女性向けに発売されたノートパソコンなんですが，男性にも人気なんですよ。
小沢：へぇー私も買おうかなあ。

真紀：アリさんの部屋って広い？
アリ：いいえ，ワンルームです。ただ，マンションの１番上なので，バルコニーが広くていいんです。私のように狭いところが苦手な人向きだと思います。
真紀：へぇ，いいなあ。

「向け」

真紀：今，何の本を読んでいるの？
アリ：『15 歳からの政治経済』という本。
真紀：面白そうだね。

アリ：政治経済に興味がある高校生向けの本で，去年出版されたんです。

小沢：工藤さん，車買われたんですか。
工藤：そう，先週買ったばかりだけど。新車はいいね。
小沢：どんな車ですか。
工藤：うちは子どもがまだ小さいし，犬もいるから，ちょっと大きいかなと思ったけれど SUV にしたよ。アウトドア派向けの車だから，中は広いし，いいんだけど。
小沢：何か問題がありますか。
工藤：大型でいいけど，都内の狭い道には不向きだね。運転しにくくて。

コラム

「むきになる」

「むきになる」ということばを聞いたことがありますか。この「むき」は元々は自動詞の「向く」の連用形が名詞化したもので，常にこの形で使います。「些細なことも軽く考えずに，真剣になったり，つまらないことに本気になって怒ったりする」という意味ですが，ここにも「向き」の持つ「方向」の意味が含まれています。つまり「真剣になること」や「本気になって怒ること」に気持ちが向かうということなのです。ただ，ほとんどの場合，そうしなくてもいいような些細なことに気持ちが向くときに使うようです。「むきになる」と使うときは，漢字ではなくひらがなで書くことのほうが多いようです。

一方，「向け」は他動詞「向ける」の連用形が名詞化したものですが，同じ名詞化したものでも「むきになる」とは言えても，「むけになる」とは言わない。これは元の動詞の機能から来ているのか，それともほかの理由なのか，考えてみると面白い発見がありそうです。

24 話題の提示・状況の説明を表す

「について／に関して／をめぐって／にとって／に対して／において」

質問

「環境についてレポートを書く」「環境に関するレポートを書く」この２つの文の意味は違いますか。「環境をめぐるレポートを書く」これは言えますか。

例

（１）

客：もしもし，商品の返品をお願いしたいんですが。

受付：申し訳ございません。返品については総務部で承っておりますので，少々お待ちください。

（２）

ホワイト：お客様のクレームに関してご相談したいんですが，今お時間よろしいですか。

工藤：いいよ。

（３）

由美子：この本，もう読んだ？

真紀：ううん，まだ。どんなストーリー？

由美子：恋愛小説で，お金持ちの男性をめぐって，３人の女性がいろいろと争うストーリーだよ。

（４）（大学の授業にて）

教員：今日で今学期の授業は終わりです。皆さんにとって有意義な夏休みになることを願っています。課題には積極的に取り組んでください。

(5)

ホワイト：会議って難しいですね。

小沢：どうしたんですか。

ホワイト：部長に対して意見を述べるのはやはり緊張します。

(6)(部内会議にて)

工藤：次回の展示会において我が社が出展することになりました。今回の会議では，展示する商品のラインナップをみんなで考えたいと思います。何かご意見ありますか。

小沢：我が社におけるシャープペンの売上高は年々上がっているので，シャープペンを全面的に紹介するのはどうでしょうか。

解説

【1】「について」の意味・用法

「について」は，動詞「就く」からきています。「～に就く」は「あるところに位置する」という意味がありますから，「について」もその意味を含みます。**人の動作や思考など，中心になる物事を「これ」と限定して取り上げる**ときに使います。後ろに続く動詞は，特に制限はありませんが，ことばや思考活動に関係する動詞を使うことが多いです。

例（1）を見てください。[返品について] と言っています。これは「返品」を取り上げて，それを対象として述べるという意味です。「に関して」と同じような意味で使うことができますが，「関して」と違うところは，述べる対象を「これと限定すること」です。「関して」が周辺のことまで述べるのに対して「ついて」は対象を限定します。「レポートについて教えてください」「来週の出張について聞きたいのですが」などのように使います。この場合は，聞きたいことは「レポート」「出張」そのものについてです。次ページの図を見てください。○で囲まれたAが限定した話題です。この話題を限定して述べているわけです。

もし，上記の文で「出張についての話を聞きたいのですが」とした場合は

〈N_1についてのN_2〉となって形が少し変わります。「地震についてのニュースを聞く」「薬についての相談はこちらへどうぞ」など，名詞を修飾する場合は，「の」を使います。

「について」を丁寧な言い方にすると「につきまして」となります。例の文を直すと［返品につきましては，総務で承っておりますので，少々お待ちください］となります。非常に丁寧な言い方です。

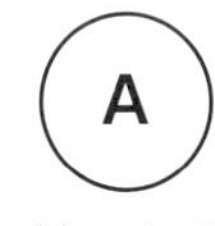

Aについて

【2】「に関して」の意味・用法

「に関して」は，「について」と同じように使われますが，「関」という漢字からもわかるように，**ある物事に関連することを伝えたいとき**使います。「～について」が1つの限定したトピックを指すとしたら，「～に関して」は，そのトピックに関連したことを広く述べたいときに使われます。

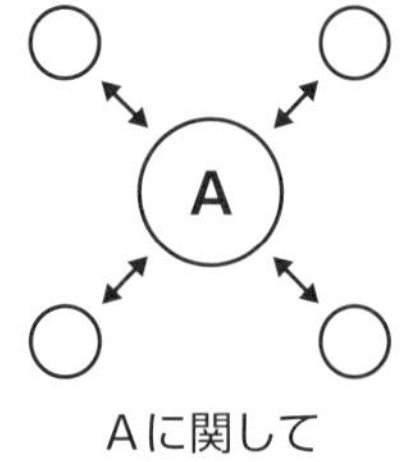

Aに関して

扱うトピックも，どちらかといえば社会的な話題について述べたり書いたりすることが多いです。

「について」との違いは，「について」が話題を限定するのに対して，「関して」は，その周りの情報についても述べたり，書いたりすることができるのです。例（2）［クレームに関して］と言っているので，クレームそのものだけではなく「クレームの種類」「対応の仕方」「今後の課題」などについて話題にしたいということが伝わります。

たとえば，「小学生のスマホ使用についての意見」と「小学生のスマホ使用に関する意見」というタイトルがあったとすると，「について」を使ったほうがより具体的に「小学生がスマホを使うこと，そのもの」について書くイメージが伝わりますが「に関して」を使うと，「小学生がスマホをどう使うのか，その背景や社会情勢など」についても書くのではないかということがわかります。ですから，明確にトピックが見えるような場合に「に関して」を使うと不自然になります。たとえば「昨日のテーマの賛否について再度議論する」ということは言えても，「?昨日のテーマの賛否に関して再度議論する」と言うと，不自然な印象になります。これは「賛否」と明確に議論の内容を限定しているためなのです。

「関して」は，「ついて」同様，「地球温暖化に関しての報告」「クレームに関しての相談」など，名詞を修飾する場合には「の」を使います。さらに，「小学生のスマホ使用に関する意見」のように〈N_1 に関しての N_2〉と同じ意味で〈N_1 に関する N_2〉を使うこともできます。

【3】「について」と「に関して」の違い

【1】【2】で説明した通り，「について」と「に関して」は，話題を限定するかどうかで異なること，また「に関して」は社会的な問題を扱うことが多く，そして書きことばに現れることが多いという点がわかりました。さらに，「について」は使えるけれど，「に関して」が使えない場合があることを追記しておきます。たとえば，以下の例です。

　新商品の宣伝をＡ社にするかＢ社にするかについて議論した。
? 新商品の宣伝をＡ社にするかＢ社にするかに関して議論した。

このように二者択一の場合は，「について」は使えますが，「に関して」を使うと不自然な文になります。これも「について」が話題を限定することに起因していると思われます。

また，「に関して」は〈N_1 に関しての N_2〉〈N_1 に関する N_2〉が使えますが，「について」の場合は〈N_1 についての N_2〉はありますが，〈? N_1 につく N_2〉はありません。

　地球温暖化に関しての報告
　地球温暖化に関する報告
　地球温暖化についての報告
? 地球温暖化につく報告

以上です。書く内容や話す場面を踏まえ，どちらを使うのか考える必要がありそうです。

【4】「をめぐって」の意味・用法

「をめぐって」は，動詞の「〜をめぐる」から想像できるように，**中心にある問題の周辺を語ることで，中心にあるものを話題にするときに使います**。ですから，多くの場合，後ろに続く動詞は「議論する」「噂する」「争う」

など，いろいろな人が議論したり話し合いをしたりすることを表すものを使います。たとえば，「近所に建つ予定の大型マンションをめぐって住民が争っている」「憲法改正をめぐる問題で議論が交わされている」などと使います。

例（3）にあるように，A が 1 人の男性だとしたら，その周囲にいる 3 人の女性が何かしらの騒動を起こすことを伝えているわけです。けれども，あくまでも，話題の中心は A である男性です。「大規模修繕をめぐって，住民同士が議論を重ねている」「親の遺産をめぐって，残された兄弟姉妹が骨肉の争いをする」など，中心になる物事や問題の周囲のことを伝えることで，その中心を話題にしていることになります。

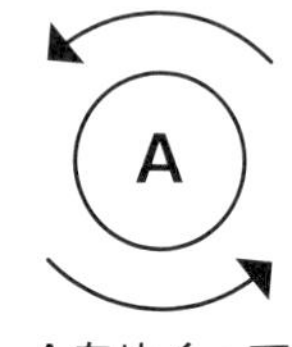

A をめぐって

「について」「に関して」同様，「をめぐって」も〈N_1 をめぐる N_2〉が使えます。「大規模修繕をめぐる問題を自治会で議論する」のように使います。

質問にあった「環境をめぐるレポート」は，言えなくはないですが，中心にある問題が「環境」というかなり大きなトピックなので，さらにそれをめぐるレポートとなると不明瞭になる恐れがあります。やはりここは「環境に関するレポート」「環境についてのレポート」とするのがよいでしょう。

【5】「にとって」の意味・用法

「にとって」には，どのような意味があるのでしょうか。例（4）では，［みなさんにとって有意義な夏休みになることを願っています］と教員が話しています。これは「みなさんの立場で考えて」という意味です。「にとって」は，**「その人や組織という立場で考えると」**という意味になります。そして後ろに続く動詞は「できる／できない」などの可能を表す表現，「難しい」「いい」などの評価に関わるものが使われます。この場合の評価は個人的なことではなく，一般的な人や組織が提示する評価という意味です。例で言えば，「学生の皆さんの立場で有意義な夏休みを過ごす」という意味になります。丁寧に言うときは「とりまして」を使います。たとえば，年賀状のあいさつ文でよく見られる「ご家族のみなさまにとりまして，恵み豊かな 1 年になりますよう，心よりお祈り申し上げます」のような言い方です。ただ，これを「みなさまにとって，恵み豊かな 1 年になりますよう～」とすると，硬い表現と柔らかい表現が混ざってしまうので，文体のバランスを考えて表現を選ぶ必要があります。

「にとって」は，前述のように人や組織などを表す名詞に接続します。「スポーツ選手にとってオリンピック出場は最大の目標だという」「日本人にとって味噌と醤油は毎日の生活に欠かせない調味料だ」「現代に生きる者にとってインターネットなしの生活は考えられない」「企業にとっては今回の失敗は重大なダメージにはなっていなかったようだ」などのように使います。ただし，人か組織以外はないかというとそうでもありません。たとえば，「町の復興にとって風評被害が大きな影響を与えることは間違いない」などのように，人や組織ではないものについても述べることができます。この場合は，「その立場で」というより「その点から考えると」のような意味になります。

「にとって」を使うときには，後ろに「難しい」「いい」などの評価が続くと説明しましたが，個人的な評価である「好き嫌い」を後ろに続けることはありません。

日本人にとって味噌は大切な調味料の１つだ。
? 日本人にとって味噌は好きだ。

これは「好き，嫌い」が，単なる自分の好みだからです。また，「賛成反対」なども後ろに使うことはできません。

? 私にとってインターネットを使う生活は賛成です。
私はインターネットを使う生活に賛成です。

これも，賛成するか反対するか，個人的なことなので使えないのです。

【6】「に対して」の意味・用法

「にとって」とよく間違う「に対して」にはどのような意味があるのでしょうか。まず，①**「動作や状態が向けられている対象」**という意味があります。例（5）のように，［部長に対して意見を述べる］と〈Nに対して〜〉の形で使います。これは，「意見を述べる」という動作の対象が，「部長」ということになります。格助詞の「に」で置き換えること

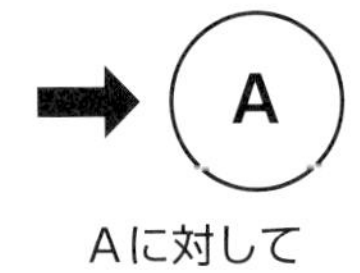

Aに対して

が可能ですが，動作の向けられている対象を確実に表現したいときは「に対して」を使います。動作が向けられるのは人だけではありません。たとえば「田中氏の意見に対して異議を唱えた」「有権者は議員の言動に対して失望している」などは，動作・状態の向かう対象は「田中氏の意見」「議員の言動」ということになります。

②**AとBを対比したり，比較したりするときに使います。**たとえば，「他社は子ども向けの商品を販売しているのに対して，我が社は今まで発売してきませんでした」という文は，販売する商品を他社と自社で比べているわけです。ほかには「AとBは双子だが，Aは運動神経がよくてスポーツ万能なのに対して，Bは運動音痴だ」「漢字は表意（表語）文字であるのに対し，ひらがなは表音文字である」のように使います。「に対して」も「に対し」も同様に使うことができます。

さらに，③**「ある単位に応じて」**という意味もあります。これは数字を表示することが条件です。「本大学のゼミは，学生10人に対して教員1人という体制です」「この自治体では子ども1人に対して10万円の補助金が出ます」などのようになります。

最後に，「に対して」も，名詞を修飾するときは，〈N_1に対してのN_2〉〈N_1に対するN_2〉のように使います。「彼は後輩に対しての評価が厳しい」「この計画に対する反対意見はありますか」のようになります。

【7】「において」の意味・用法

「において」は，「次回の会議は東京において開催される」や「過去において問題になった個所について本日は討議する」など，①**場所や時間を表すときに使います。**例（6）の［次回の展示会において我が社が出展する］は，この「場所」を示しています。多くの場合「で」「にて」などに言い換えることができます。この場合は「次回の展示会で（にて）我が社が出展する」と言い換えることができます。時間を示す「過去において問題になった」という文では，「～ときに」という意味になります。「過去において」は「過去に」と時間を示す言い方に変えて述べることができるわけです。

次に，②**「について」「に関して」**の意味で使うことができます。たとえば「先日話し合った○○の点において疑問が残るので，さらなる検討が必要だ」「彼は大使として在任中，外交問題において大きな功績を挙げたことが評価され，帰国後重要なポストについた」などのように使います。この「において」のところに「について」「に関して」を入れることも可能です。ただ，かなり改まった表現なので，文体や文全体のバランスを見て使う必要があります。

「において」は〈N_1 における N_2〉の形で使うこともできます。上記の例を使うと「先日の話し合いにおける疑問点」「外交問題における功績を評価する」などのようになります。こちらもかなり改まった表現です。

24

話題の提示・状況の説明を表す

【8】類似表現の考え方

本項 24 で扱ったものは，日本語学習者の母語による影響を受けやすく，ある言語では「について」「に関して」や「に対して」が同じ訳になっていることもあり，使い方を間違えることが多いようです。接続する動詞に特徴があるかどうか，問題そのものを限定しているかどうか，周辺のことまで考えているかどうか，この辺りを参考にして，どれを使えばよいかを考えてみてください。正しい例文で使い方を覚えておくことも，よい方法だと思われます。

提示例文

「について」

アリ：この本，読んだことありますか。
真紀：何について書かれているの？
アリ：「日本の詩歌における韻について」というタイトルなんです。
真紀：アリさんって，詩歌に興味あったんだ。
アリ：図書館で見つけたんですけど，読み始めたら面白くて……難しいんですけど。

「に関して／をめぐって」

（授業の冒頭にて）

真紀：先生，今週も先週と同じトピックですか。
教員：いいえ。今日の授業では，国際協力について考えます。じゃあまず国際協力に関して知っていることをグループで話し合ってください。

～話し合い後～

教員：国際協力をめぐり，さまざまな議論がされたようなので，グループごとに要点を発表してください。

「に関する」

真紀：卒業後はどんな仕事したい？

アリ：僕は教育に関する仕事がしたいなあ。

真紀：たとえば？

アリ：うーん，教育の現場に立つだけでなく，それを統括するような仕事がしてみたいです。

「にとって」

アリ：昨日の講演会，行きましたか。すごくよかったですよ。

真紀：テーマは「学生にとって働くとは」だっけ？

アリ：はい，僕たちにとっても身近な話題をいろいろ出して説明してくれたからわかりやすかったです。

「にとって／に対して」

アリ：今日の授業，休みます。

真紀：どうしたの？

アリ：日本語学校のときお世話になった先生で，私にとって大事な先生が事故で入院しているって聞いたんです。

真紀：あら，大変。きっと先生も，アリさんの顔をみたら喜ぶと思うから，行ってきて。

アリ：そうします。どんな学生に対しても，いつも笑顔で話してくれる先生だったので，本当に心配です。

ホワイト：今日の会議で，課長の発言に対して，すごく怒っていたのは誰ですか。

小沢：私も名前はわからない。

ホワイト：でも，きっとあの人にとっては，課長の発言が嫌だったんでしょうね。

「に対して」

（自社のプレゼンにて）

小沢：他社は子ども向けの商品を発売しているのに対して，我が社は子ども向け商品を今まで発売してきませんでした。そこで，今回は子ども向け商品の開発を提案します。

アリ：N 大学では学生 20 人に対して教員 1 人だそうです。
真紀：うちの大学はどうなんだろう。知ってる？
アリ：いいえ，でも，先生 1 人に対して学生の数が少ないほうが，学生にとってはいいですよね。

「において」

アリ：この絵のタイトル，わかりますか？
真紀：『最後の審判』です。ミケランジェロによって描かれた絵ですよ。
アリ：知りませんでした。
真紀：ミケランジェロは 16 世紀のイタリアにおいて活躍した画家の 1 人です。

工藤：先日の会議で提案された議題について，何か進展あった？
ホワイト：いえ，まだです。
工藤：販売経路の点において少し疑問が残るので，再検討しておいてもらえるかな？

意外・予想外を示す

「にしては／にしても／にして／として」

質問

「田中さんなのに，来るのが遅い」と言ったところ，「田中さんにしては，来るのが遅い」という言い方のほうがいいと言われました。「のに」と「にしては」は，同じような意味だと思うんですが，違いますか。また「サッカー選手にしては，足が遅い」は「サッカー選手として足が遅い」と言い換えられますか。

例

（1）

小沢：ホワイトさん，山田さん知っていますか。
ホワイト：はい，今年の新入社員ですね。
小沢：新入社員**にしては**，電話対応がスムーズでびっくりしました。慣れてますよね。
ホワイト：確かに。

（2）

由美子：今，引っ越しを考えてるんだけど，真紀の部屋って，家賃どのぐらい？
真紀：1か月7万円だよ。都心**にしては**，安いほうだと思う。
由美子：ちなみにそのマンション，新築？
真紀：うん，築5年ぐらいかな。でも壁**にしても**，すごくきれいなんだよ。

（3）

真紀：教育学部の鈴木さんって知ってる？
由美子：うん，話したことはないけど
真紀：学生にして，気象予報士でもあるんだって。
由美子：すごいね。

（4）

ホワイト：小沢さん，昨日の大量の書類，ファイリング終わったんですか。
小沢：はい，何とか。
ホワイト：速い！　あの量を１日にして，終わらせたって，すごいです。
手伝えなくてすみませんでした。

（5）

真紀：アリさん，来週開かれる学生会の集会，出席する？
アリ：どうしようかな。レポートの締め切りが近いし，迷ってます。
真紀：でも，留学生としてきちんと意見を言うことは大事だと思うよ。

解説

【1】「にしては」の意味・用法

「にしては」は，例（1）からわかるように，「**当然考えられる予想に反して**」という意味です。「新入社員は，予想として電話応対のことばの使い方などに慣れていないため，失敗することが多い」という予想に反して，山田さんがスムーズなので驚いているという状況です。先輩社員である小沢さんは山田さんのことを評価しているわけです。このように，ほかの人を評価したり，あるいは批判したりするときに使いますが，自分自身のことについてはほとんど使うことがありません。「?私は新入社員にしては，電話応対がスムーズです」とは言えないということです。世間一般で予想されることと違った場合，たとえば「彼はイギリスに15年住んでいたにしては，英語があまり得意じゃない」「あの子は，小学生にしては，大人のような話し方をする」「今回のテスト，あまり勉強できなかったにしては，まあまあの点数が取れた」などと使います。これは「イギリスに15年も住んでいたら，当然英語はぺらぺら話せるだろうという予想に反して，あまり得意ではない」また，「小学生だと思って話していたら，なんだか大人が使うような表現を使って話している」そして「今回のテスト，十分勉強できなかったから，きっと点数が悪いと思っていたけれど，終わってみたら結構よかった」など，それぞれ予想が異なっているので，「にしては」を使っているのです。

では，冒頭の質問にあった「のに」とは，何が違うのでしょうか。「サッカー選手はグラウンドを走り回るのだから，当然足が速いだろう」という予想が外れて「遅かった」ので「サッカー選手にしては，足が遅い」という文になります。ただ，「サッカー選手なのに，足が遅い」でも，あまり意味は変わりません。しかし，「田中さんにしては，来るのが遅い」とは言えても，「?田中さんなのに，来るのが遅い」だと，少し文としては不自然です。それは「田中さんがなぜ来るのが遅いと言われてしまうのか」という前提がないからです。「時間に遅れたことがない田中さん」という前提があれば，「のに」でもわかりますが，この前提がない場合は，「のに」では意味のわかりにくい文になります。「サッカー選手」であれば，ある程度，予想がつくので，「足が遅い」という文で成立しますが，「田中さん」では，それができないため，使えないということになります。「のに」は「にしては」よりも，前件に使われる語の前提が明確でなければならないということです。

「にしては」の類似表現に「わりに」というのがあります。「サッカー選手のわりに，足が遅い」これは「にしては」とほぼ意味が同じです。「わりに」は漢字で「割に」と書くことから，「ほかと比べてどうなのか」ということを述べるときに使います。サッカー選手をほかの一般の人と比べて，きっと早いだろうという大方の予想に反して遅かったので「選手のわりに，足が遅い」という表現になっています。

【2】「にしても」の意味・用法

「にしても」は，〈にして＋も〉の形で，意味はいくつかあります。まず，例（2）で，築5年のマンションの部屋がきれいであることを［壁にしても，きれいだ］と述べています。これは，①**あるものの一部を取り上げて，ほかも同様だということを言いたいときに使います**。このマンションの部屋の例で言うと「このマンションの部屋の壁はきれいだ。だからほかも同様にきれいだ」ということを伝えたいのです。部屋で汚れが目立つ壁がきれいなのだから，ほかの部分も同様にきれいであるという意味を含んでいます。「持ち物１つにしても，その人の品のよさが感じられる」「部屋に置いてある花１つにしても，彼女のセンスが見て取れる」などのように，「持ち物でも品のよさがわかるから，ほかのことでもきっとそうだ」「部屋に置いてある花だけを見ても，その人のセンスのよさがわかるのだから，きっとほかもそうだ」と言っているのです。例（2）では部屋のきれいさを，持ち物の例ではその人の品のよさを，さらには花の例ではその人のセンスのよさを，それぞれ強調していることになります。

さらに，「にしても」は②**「～は理解したとしても」**という意味になります。「～は理解したとしても」と言った後に「予想されたこととは違う」ということが述べられます。たとえば「子ども同士のけんかにしても，そこまでやる必要はなかったんじゃないですか」「昼ご飯を食べる時間もなかったぐらい忙しかったにしても，電話１本かけられるんじゃない？」「いくらお金がないにしても，万引きしたら犯罪者だ」などがこの例です。「いくら子ども同士のけんかといっても，そこまでやる必要はない」ということで，多分，双方が怪我を負ったということが想定されます。「子ども同士はけんかするものだ」ということは理解したとしても，お互い怪我をするまでしてはだめだという意味です。また，次の例文は「忙しいということは理解したが，電話１本かける時間はあるはずだから，かけられないのはおかしい」と言っているのです。さらに次の例文では，「お金がないというのが大変だということは理解するけれども，万引きしたらそれは犯罪ではないか」と言っているわけです。「にしても」は「いくら」「どんなに」などの語といっしょに使われることも多いです。

以上のように，「にしても」は，前の文は「理解はするが，予想されたこととは異なる」というときに使うことがわかります。似た表現に「～にしろ」「～にせよ」などがありますが，こちらのほうが改まった表現です。また，「にしても」はくだけた話しことばでは「～にしたって」と使います。例（2）の文を使えば「築５年だけど，壁にしたって，きれいだよ」という言い方になります。

最後に慣用表現として「にしても～にしても」があるので，紹介しておきます。「明日，運動会があるにしてもないにしても，できる準備だけはしておかないと」「電話にしてもメールにしても，直接連絡するのはやめてください」などのように，同じグループで対立するものを並べて「そのどちらの場合も～だ」と述べるときに使います。たとえば「運動会があるにしてもないにしても，準備だけはしておかないと当日困る」「電話にしてもメールにしても，直接そこに連絡しないでほしい」など，みなさんにもこのような経験が何か１つぐらいあるのではないでしょうか。

【3】「にして」の意味・用法

「にして」には，いくつかの意味があります。まず，例（3）のように［学生にして，気象予報士だ］のような使い方です。これは① **「A かつ B」という意味**で，「学生であり，気象予報士である」という２つのことが並立していることを述べるときに使います。「レオナルド・ダ・ヴィンチはルネサンス期を代表する芸術家にして，音楽，建築，解剖学などあらゆる分野にその優れた業績を残した科学者である」「彼女は大手デパートの取締役にして，趣味の絵画で賞を取るほどの画家でもある」など，２つのことを並列的に述べます。

また，② **「物事が実現する時間や段階」**という意味もあります。「ようやく」「初めて」などといっしょに使うことが多いです。例（4）のように［1 日にして，終わらせた］というように，年齢や回数などの数字が入ることも多いです。「40 歳にして，初めて親になりました」「20 歳にして，初めてお酒を飲みました」「3 回目にして，ようやく試験に合格しました」などがこの例です。

ほかにも「日本語教師にして，答えを出すのに迷うのだから，学生が迷って答えがわからなくても，それは仕方ない」など③ **「ある立場で」という意味**も表します。

いずれの例文も，「すごい」と驚いたり，感心したりする気持ちがあるときに使うことがわかります。

【4】「として」の意味・用法

「として」は，**「～の立場・役割で」**という意味です。例（5）を見てください。［留学生としてきちんと意見を言うことは大事だ］と言っています。これは「留学生の立場で発言することは大事だ」という意味です。「教師として君の意見に賛成できない」「部長の代理として海外支店との会議に出席した」「友だちとしてアドバイスしておく」など，それぞれ名詞の「教師」「部長の代理」「友だち」に接続し，それぞれの立場でどうなのかということを述べています。

最初の質問にある「?サッカー選手として足が遅い」が何となく不自然なのはなぜなのでしょうか。「として」が「立場・役割で」という意味なので，この文は「サッカー選手という立場・役割で，足が遅い」ということを言っています。「として」は，「サッカー選手として発言する」「今までは陸上の選手だったが，今回の大会からサッカー選手として出場する」など，「サッカー選手」という立場でどうなのか，どうするのかということを表す表現なので，冒頭の文は不自然に聞こえるのです。ただ，「サッカー選手としては，足が遅い」と言うと，これは問題ありません。というのも「としては」は，主題・対比を示す取り立て助詞「は」が接続しており，「ある人が属するグループの標準から外れる」ということを表せるからです。サッカー選手が一般的に持っている標準的な走行スピードを考えたとき，ある選手がその標準より遅かった場合，「選手としては，足が遅い」という言い方ができます。ほかには，「日本人男性としては，かなり背が高い」「小型犬種としては，大きめだ」など，話題にすることの標準・基準から考えて，外れているということを言いたいときに使います。

提示例文

「にしては」

工藤：昨日のプレゼンは，下調べしたにしては，ちょっと不十分だったかな。

ホワイト：申し訳ありません。担当者としてできることはしたつもりでしたが，足りませんでした。

工藤：来週，もう１度あるから，見直してしっかり準備しておいて。

真紀：駅前の「ローズ」っていうケーキ屋さん，行ったことある？

由美子：うん，あるよ。あの安いケーキ屋さんでしょう？

真紀：そう。ケーキはどれでも150円なんだけど，150円にしては，なかなかおいしいんだよ。

由美子：買って食べたことなかった。今度食べてみようっと。

「にしては／にしても」

ホワイト：5月にしては，今日は結構寒いですね。
工藤：そうだね。
ホワイト：小沢さん，まだ来ないですね。
工藤：さっき「電車が遅れている」って連絡があったよ。
ホワイト：遅れるにしても，かなり遅いですね。
工藤：あ，小沢さんから今「電車が止まったので，タクシーで向かいます」ってメールが来た。

「にして」

小沢：ホワイトさんはこの前の3連休，何をしましたか。
ホワイト：私は25歳にして，初めて乗馬をしました。
小沢：へぇー怖くなかったですか。
ホワイト：全然。馬がかわいかったです。
小沢：私もやってみたいな。何か気をつけることはありますか。
ホワイト：たとえ馬から落ちたとしても，大きな声を出してはいけません。馬が驚いてもっと興奮するかもしれないですからね。

アリ：真紀さん，昨日の授業で見た映画の台詞で「この歳にして，初めて人生の意味がわかった」って，どういうことですか。
真紀：あの登場人物が80歳になって，自分の人生を振り返ってみて，親として，仕事をしてきた人として，いろいろ考えて「ああこれが人生だったんだ」って思ったという意味じゃないかな。
アリ：そうなんですね。それからもう1つ。「この親にして，この子あり」は？
真紀：そんな台詞出てきたっけ。ごめん，覚えてない。

小沢：昨日の地震，大きかったですね。びっくりしました。
ホワイト：本当に。一瞬にして，以前の大きな地震のことが頭に浮かんで，足がすくみました。ホテルだったので，余計怖かったです。
小沢：それにしてもホワイトさん，出張のとき，よく地震に遭うね。

「にして／として」
真紀：岡田先生って知ってる？
アリ：あー文学部の。
真紀：実は岡田先生，大学の先生にして，作家でもあるんだって。
アリ：知らなかったです。
真紀：いくつも賞を取ってるんだよね。平日は大学の先生として働いて，週末は作家として執筆してるんだって。

「として（は）」
（先輩への就活相談）
由美子：就活生として大切なことって何ですか。面接が自信なくて。
ホワイト：どんなことを言うにしても，堂々と答えるのが１番大切だと思うよ。もしきちんと答えられなかったとしても，落胆しないでね。自信のなさが面接官に伝わっちゃうから。
由美子：わかりました。

真紀：アリさんの国で１番高い山ってどこ？
アリ：Puncak（プンチャック） Jaya（ジャヤ） っていうんですけど，たしか 4,800 メートルちょっとだったと思います。
真紀：うわあ，高いね。
日本で１番高い富士山がどれぐらいか知ってる？
アリ：確か，3,776 メートルです。
真紀：日本では１番高いけど，山としては，そんなに高くないんだね。

名詞への変換

「こと／の／もの」

質問

環境問題に関するレポートで「プラスチックごみを減らすためには，目標を設定するのが大切だ」と書いたら，「設定することが大切だ」と直されました。また，「冷蔵庫の余った食材を使わずに捨ててしまうことではなく，それをどう使うかを考える」と書いたら，「捨ててしまうのではなく」と直されました。どういうときに「の」を使い，「こと」が使えないのか，よくわかりません。

例

（1）

真紀：アリさん，何か趣味はある？
アリ：はい，旅行する**こと**や，新しいことばを学ぶ**こと**です。
真紀：じゃあ，南米に行った**こと**はある？
アリ：いいえ，南米にはまだ行った**こと**がありません。実は，スペイン語の勉強を始めたので，次の夏休みに行きたいと思っています。

（2）

アリ：休日は何をすることが多いですか。
真紀：写真を撮る**こと**が多いかな。
アリ：どんな写真を撮るんですか。人**の**？　それとも景色**の**ですか。
真紀：私は景色**の**を撮ることが多いかな。特に山を撮る**の**が好き。
アリ：今度見せてください。

(3)

由美子：このケーキ，食べないの？

真紀：うん，今ダイエット中だから，甘い物を食べないようにしてるんだ。

由美子：そうなんだ。全然食べないものだから，体調悪いのかと思っちゃった。

26

名詞への変換

解説

【1】「こと」の意味・用法

ここで扱う「こと」「の」「もの」は形式名詞といいます。**形式名詞とは，名詞としての機能は持ってはいても，実質的な意味がなく，主語になることができない語を指します。「こと」は抽象的な動作や状態，情報などを表します。**

「こと」「の」は，多くの場合，互いに置き換えることができますが，できないものもあります。初級の文型で「こと」を使ったものを挙げてみると，①「～ことができる」，②「～たことがある」，③「～ことにする／なる」，④「…は～ことだ」，⑤「～ことを知っている」などがあります。このうち，**①「～ことができる」，②「～たことがある」，③「～ことにする／なる」，④「…は～ことだ」は，「こと」を「の」に置き換えることはできません。**たとえば，①「ラオス語を話すことができる」は「?ラオス語を話すのができる」と言えません。また②だと，例（1）の［南米に行ったことはある？］という文は「?南米に行ったのはある？」とは言えないのです。③「引っ越すことにした」という文も「?引っ越すのにした」と述べることはできないのです。それから，④例（1）の「私の趣味は旅行することだ」を「?私の趣味は旅行するのだ」のように言うことはできません。「～ことです／～ことだ／～ことである」という文において，名詞化させる働きの「こと」を「の」に置き換えることはできません。また，「話し合ったことをノートにまとめる」のように，**内容や出来事を表す「こと」は「の」に置き換えることができません。**そのため，「決める」「約束する」なども「～ことを決める／～ことを約束する」になります。加えて，「お客さんのことを第一に考える」など，**ある話題に関する周辺事項の「こと」も「の」に変えることはできま**

せん。

「こと」は，抽象的な動作や状態，情報などを表すと説明しましたが，「南米に行ったこと」「引っ越すこと」「旅行すること」「話し合ったこと」「お客さんのこと」などは，正にそれです。これらの「こと」は「の」にすることができません。あわせて，**伝聞の意味を示す表現に「〜ということだ」がありますが，これも「の」に置き換えることはできません。**「トランさんは来年帰国するということだ」のような文が「?トランさんは来年帰国するというのだ」とはならないのです。

ほかの文型ではどうでしょうか。⑤**「〜ことを知っている」という文型で使われている「こと」は「の」に置き換えることができます。**たとえば，「鈴木さんが結婚したことを知っていますか」という文の「こと」は，「鈴木さんが結婚したのを知っていますか」のように「の」で置き換えることができます。

【2】「の」の意味・用法

「の」には，多くの意味がありますが，ここでは形式名詞として使われる「の」のみを扱います。**意味は「もの」「こと」**です。では「の」が使われやすい文型は何でしょうか。「旅行するのは楽しい」「1人でいるのは寂しい」など，「楽しい，嬉しい，寂しい，悲しい」などの感想や感情を述べるときは「の」を使います。文末はい形容詞であることが多いです。また，例（2）[山を撮るのが好き］や「人前で話すのが嫌い」など好き嫌いを述べるときも「の」が使われます。これらは「こと」にすることもできます。また，「パスポートを持ってくるのを忘れた（覚えている）」という文においても「の」が使われます。

「見える」「聞こえる」「感じる」などの**知覚動詞では常に「の」が使われます。**たとえば「鳥が飛んでいるのが見える」「鳥が鳴いているのが聞こえる」「空気が冷たいのを感じる」などでは常に「の」が使われます。また，**〈Vのを＋待つ／手伝う／止める〉**と述べる場合でも，必ず「の」を使います。それから，「来週発表するのはキムさんだ」「母が生まれたのは福岡だ」「足を怪我したのは3年前だ」「昨日休んだのは頭が痛かったからだ」などのように，**強調構文「〜のは…だ」では必ず「の」が使われます。**この強調構文における「の」は，人物，場所，日付，理由などを示します。さらに，「ホチキスは紙をとじるのに使います」「ICカードは電車に乗るのに必要です」など，**用途を表す初級の文型として「Vのに」**がありますが，この文型でも「の」を使います。これらは「こと」に入れ換えることができません。

【3】「こと」と「の」の違い

冒頭の質問に戻りましょう。「?プラスチックごみを減らすためには，目標を設定するのが大切だ」と書いたら，「設定することが大切だ」と直されたのはどうしてでしょうか。それは，文末がな形容詞の「大切だ」「必要だ」などである場合には，「こと」しか使えないからです。上記の例は「大切だ」の文ですから，「こと」を「の」にすることはできず，「〜ことが大切（必要）だ」のように述べなければなりません。

「?冷蔵庫の余った食材を使わずに捨ててしまうことではなく」と書いたら，「捨ててしまうのではなく」と直された理由はどうでしょうか。これは，「〜の（ん）だ／〜の（ん）ではない」の文型（⇒『初級編』pp. 148-152）が使われているため，「捨ててしまうのではなく」と書く必要があるのです。

例（2）の［景色のを撮る］の場合，「の」が指し示す内容は「写真」という具体的な物です。この文は［景色の写真を撮る］と置き換えることができます。

【4】「もの」の意味・用法

「もの」の基本的な意味は，①**目に見えて触ることができる具体的な物体**です。①の意味で使う場合は漢字の「物」を使います。また②**具体的な物ではないけれども，考え，知識，技能，ことばなど**を指します。具体的な文で説明します。

例（3）の［甘い物］は，①の具体的な物です。この例文ではケーキなどを指しています。②の意味では，「あの人はものを知らない」「最後は経験がものを言う」「ものを見る目を養う」などのように使います。「あの人はものを知らない」という文の「もの」は，「常識」や何かしらの知識を指します。また，「経験がものを言う」は「経験が効力を発揮する」という意味です。「ものを見る目」は「価値を見出す能力」を意味します。このように，具体的な物体ではないことがわかります。「知る」「言う」「見る」などの動詞といっしょに使うことが多いです。

では「もの」には，ほかにどのような文型があるのでしょうか。以下にいくつか挙げてみます。

③**何か過去の状況を回想するときに使う**「もの」があります。「子どものころは，よく父と釣りに行ったものだ」「私の小さいときの話を祖母はよくしてくれたものだ」など，多くの場合「〜たものだ」の形で使います。

④**ある状況や状態を見て感慨を込めるときに使います。**「ほんの10年前まではさびれた商店街がきれいになったものだ」「町のいたるところでWi-Fiが使えるようになるとは，便利になったものだ」は驚きや感心を表します。さらに「いつか富士山に登ってみたいものだ」「住みやすい社会になってほしいものだ」という文もあります。これらは希望や願望を表します。

⑤**理由や原因**を表す意味もあります。例（3）［全然食べないものだから，体調悪いのかと思った］がこの意味・用法です。ほかにも，「友だちがあまりにも自慢するものだから，思わず自分も買ってしまった」などがあります。「友だちがあまりにも自慢するから，思わず買ってしまった」のように「から」で置き換えることができます。ただし，後ろには意志や命令などの表現を接続することはできません（⇒ p. 11）。また，「今回の事故は不注意によるものだ」のようにも使えます。

⑥**一般的な常識や考え**を述べる場合に，「もの」が使われます。たとえば，「誰でも最初は失敗するものだ」「考えすぎると，いいアイディアは出てこないものだ」などです。ほかにも，「そこにいない人の悪口は言うものではない」「知ったかぶりをするものではない」などは「〜すべきではない」という意味になります。「人の悪口は言うべきではない」「知ったかぶりをするべきではない」ということを表します。

⑦**例を示す言い方**もあります。「彼の顔を見た瞬間，運命のようなものを感じた」などの文で使われる「もの」です。

⑧**不可能**の意味で使う「もの」もあります。たとえば「こんなまずい料理，食べられたものではない」「あの人に任せておいたら，どうなるかわかったものではない」などのように使います。「〜たものではない」の形で使われ，「できない」というかなり強い否定の気持ちを表現します。話しことばになると「わかったもんじゃない」のように言います。

⑨**反語**を強調する表現にも使われます。「何度頼まれたって，そんなところに行くものか」などです。

提示例文

「こと／の」

教員：来週までに，レポートのアウトライン出すことができますか。
アリ：先生，章全部ですか。
教員：難しければ，1～3章まででもいいですよ。
アリ：全部のでなければ，書くことはできると思います。
真紀：私も3章分のであれば，間に合います。

真紀：日本語を勉強してきて，1番難しかったことって何？
アリ：うーん，いろいろありますけど，最初は聞くのが難しかったですね。でも聞けるようになったかなと思ったら，今度は話すのが大変になって……僕は自分の国のことばでも書くことが好きだから，書くのはわりと楽でした。

工藤：ちょっといい？　明日までに次の会議で話し合うことをまとめておいてもらえるかな。
小沢：はい，わかりました。

ホワイト：小沢さんは休みになると，よく山に行きますね。
小沢：ええ。自然の中にいるのが好きだし，特に山に登るのが好きだから。
ホワイト：いいですね。

真紀：誰が来るのを待っているの？
アリ：森下さん。今日，引っ越しするのを手伝ってあげるんです。
真紀：そうなんだ。手伝うのは，アリさんだけ？
アリ：あとからキムさんも来ると思います。
真紀：物を運ぶのに便利だから，カートを貸してあげるよ。
アリ：ありがとうございます。あ，森下さんがこっちに来るのが見えた。

「もの／の」

（午前の授業後）

真紀：今日は寒いね。
由美子：ホントだね。ランチ，何がいいかな？
真紀：何か温かい物，食べよう。

ホワイト：今年から社内で年賀状が廃止されましたね。
小沢：そうですね。最近ペンをあまり使わなくなりました。昔はよく手紙を書いたものなんですが。
ホワイト：そうなんですね。
小沢：手書きの文字は味があるから，私，大好きなんです。もっと手書きのよさを大切にしてほしいものですね。

小沢：工藤さんは子どものころ，どんなことをして遊んだんですか。
工藤：そうだね。田舎だったから，近くの川まで魚を捕りに行ったり，木登りなんかしたりしたものだよ。
小沢：すごいですね。ちょっとうらやましいです。

小沢：ホワイトさんは何か夢ってありますか。
ホワイト：私はフィンランドに行ってみたいなあ。
小沢：そうですか。
ホワイト：一生に１度でいいから生でオーロラを見てみたいものです。

ホワイト：この企画，何かいい案はないでしょうか。全然頭が働かなくて。
工藤：考えすぎると，なかなかいいアイディアは出てこないものだからね。ちょっと休憩しよう。

ホワイト：昨日の交通事故のニュース，見ましたか。
小沢：見ましたよ。すごかったですね。何が原因か，知っていますか。
ホワイト：確か，原因は脇見によるもののようですよ。運転しながら携帯を見たとか。
小沢：ひどいね。

（進路相談にて）

由美子：学生時代で１番大切なことって何ですか。

ホワイト：うわあ，難しい質問だね。でも，全部というのが答えかな。社会人になって初めて学生時代のよさというものがわかった気がするから，何でも大事にしたほうがいいよ。

由美子：わかりました。ありがとうございます。

コラム

「こと」を使った表現

「こと」を使った表現には面白いものがたくさんあります。いくつか挙げてみましょう。

登場人物は，Ａさん，Ｂさん，Ｃさんの３人です。ＡさんとＢさんはことあるごとに意見が対立して，話していると喧嘩になってしまいます。そこでＣさんは「いつものことだから黙って見ているつもりだけれど，ことと次第によっては，間に入って仲裁するよ」と，Ａさんに伝えます。そしてある日，また一触即発になったとき，Ｃさんが仲裁に入り，ことなきを得ました。ことによると，Ａさんは，Ｃさんの仲裁を期待していたのかもしれません。しかし，こともあろうに，Ｂさんは仲裁してくれたＣさんに対してことを構えてしまい，ついにこと，ここに至るという状態になりました。

さて，ここに挙げた「こと」に関する表現の意味，推測できたでしょうか。

27 限度・最低限を示す

「せいぜい／せめて」

質問

「せいぜい」も「せめて」も，どちらも限度を表す言い方だと思うのですが，「夏休みはせいぜい５日取れればいいほうだ」と「夏休みはせめて５日はほしい」と言った場合，どのようなニュアンスの違いがありますか。

例

（１）

真紀：来週の研究室での飲み会，どのぐらい集まるかな。

アリ：みんな都合が合わないって言ってましたから，集まってもせいぜい10人ぐらいじゃないでしょうか。

（２）

工藤：この商品の価格，もう少し安くできないかな。

小沢：そうですね。できてもせいぜい20円安くするぐらいでしょうか。

工藤：うーん，せめて30円ぐらいは安くなるといいんだけれど。

解説

【１】「せいぜい」の意味・用法

「せいぜい」は①**「多く見積もっても」**という意味があります。例（１）の［研究室の飲み会に何人集まるだろうか］という問いに［せいぜい10人ぐらい］と答えているのがこの例です。「多くても，10人ぐらいだろう」という意味です。ほかにも，「遅くてもせいぜい４，５日ぐらいで荷物は届くと思う」という文もこの意味です。

さらに,「せいぜい」は②**限度**を示します。ただ,ここには**「できる範囲で」**というニュアンスが加わります。たとえば,何か買い物に行って,買おうかどうしようか迷ったとき,店の人が「せいぜいおまけします」や「せいぜい勉強させてもらいます」などという言い方をするのを聞いたことはないでしょうか。これは,もし値段のことで迷っているのであれば,「できる範囲でおまけします」「できるだけ安くします」と提案して,何とか買ってほしいという意思表示をしているわけです。「せっかくいらっしゃったのですから,せいぜい楽しんでお帰りください」などと言われたことがあるかもしれません。これは「せっかく来たのだから,できる範囲で楽しんでください」という意味の慣用的な表現の1つです。ただ,この表現は時代と共に,聞く人によっては嫌味だと感じることもあるようです。どのような場面で使われているかによって「応援」なのか「嫌味」なのか,変わる可能性があるということも付記しておきます。

以上は副詞として使った場合の「せいぜい」ですが,これを名詞として文末に使うと「1日に覚えられる単語の量は,10語がせいぜいだ」のようになります。これも「多く見積もっても10語が精一杯だ」という意味です。

また,「せいぜい」に似た表現に「たかだか」がありますが,これについては,「たかだか」の項を参考にしてください(⇒ p. 20)。

【2】「せめて」の意味・用法

それでは,「せめて」はどのような意味なのでしょうか。「せいぜい」と同様に**限度**を示す表現です。「せいぜい」が「できるだけ」という意味なのに対して,「せめて」は①**「不満足だけれど,最低でもこれだけは」**という意味になります。例(2)を見てください。どれぐらい安くできるかという問いに[せいぜい20円安くするぐらい]つまり,「どんなに頑張っても値引きの限界は20円だ」と言っています。そして,その返答で[せめて30円ぐらいは……]と述べ,「30円では満足できないけど,最低でも30円は」と伝えています。いろいろあってやむを得ないのでしょうが,それでも[30円ぐらいは……]と交渉しているわけです。ドラマの緊迫した場面で「お金でも何でも取っていって構わないから,せめて命だけは助けてください」などの台詞を聞くことがあると思いますが,それは「難しいでしょうが,何とか命だけは助けてほしい」という意味なのです。

「せめて」は「〜だけでも」といっしょに使われることもあります。「せめて命だけでも助けてください」もそうですし，「1 週間は無理としても，せめて 3 日だけでも休みがほしい」「会えないのは我慢するけれど，せめて声だけでも聞きたい」などのように使います。また，「せめて」を強めた「せめてもの救いだ」「せめてもの恩返しだ」などのように慣用的に使う言い方もあります。これも「不満足，つまり満足とはとても言えないけれど，最低でもこのぐらいは」という意味を表しています。慣用的に使うので「救いだ」「恩返しだ」「情けだ」「慰めだ」などの語といっしょに用いることが多いようです。

提示例文にも例を入れましたが，「せいぜい」と「せめて」を同じ文の中で使うことができます。[多く見積もっても／できる範囲で」と「最低でもこれだけは」という意味の違いはありますが，どちらも「限度」を表現しています。

【3】「せいぜい」と「せめて」の違い

では，質問にあった，「夏休みはせいぜい 5 日取れればいいほうだ」と「夏休みはせめて 5 日はほしい」と言った場合，どのようなニュアンスの違いがあるのでしょうか。どちらも 5 日が限度であることは同じです。ただし，前者の文は「できる範囲で夏休みを取るとしたら，どんなに多く見積もっても 5 日が精一杯だ」ということを述べているのに対し，後者の文は「5 日は不満足だけれど，最低でもこれだけは休みがほしい」ということを述べており，ニュアンスに違いがあります。

提示例文

「せいぜい」

ホワイト：ホワイトさんはいつも自分で料理していますか。

小沢：はい，毎日していますよ。

ホワイト：すごいですね。私は料理しても，せいぜい週 3 回くらいです。

ホワイト：工藤さんが新入社員のころ，まとまった休みは取れたんですか。
工藤：いやいや，取れても土日とつなげてせいぜい３日かな。せめて５日はほしいなってずっと思っていたよ。

教員：今日は研究室主催の忘年会です。大したものはないけれど，せいぜい楽しんでください。
真紀：ありがとうございます。

「せめて」

真紀：アリさんは今度の会合，来られる？
アリ：その日の夜，バイトがあるので……。
真紀：最後までいなくていいから，せめて最初の１時間くらいはいてくれない？

工藤：来週のプレゼンの資料できた？
ホワイト：すみません，まだです。
工藤：今日じゃなくてもいいから，せめて金曜までには完成させておいてください。

アリ：夏休みにメキシコへ行くんですよね。
真紀：うん。だから最近，せめて簡単な会話くらいはできるように，スペイン語を勉強してるの。
アリ：へぇーすごいですね。

「せいぜい／せめて」

工藤：来週のプレゼンの準備，できた？
小沢：はい，あと少しです。
工藤：せいぜい頑張っていいものを作ってください。せめて３日前までには完成させて，１度見せてくれる？　確認しておきたいから。
小沢：はい，わかりました。よろしくお願いいたします。

動作を説明する

「つい／ついでに」

質問

「ついさっき」と「さっき」は同じですか。「つい言いそびれてしまった」と「ついでに言いそびれてしまった」は同じですか。それぞれの意味はわかるのですが，どう使い分ければいいのかわかりません。

例

（1）

ホワイト：ついさっき，M 社の成瀬さんから電話がありましたよ。
　小沢：ありがとうございます。

（2）

真紀：午後，図書館でいっしょに試験勉強しない？
アリ：いいですよ。今，読む本がないから，ついでに図書館で本，借りようかな。

解説

【1】「つい」の意味・用法

「つい」には意味が 2 つあります。まず，（1）の例文で使われているように① **「ほんの」** という意味です。時間や距離が非常に短いことを表現します。「さっき」というのは話しことばなので，書くときには「先ほど」を使います。意味は，「今より少し前」です。「つい先ほど」または「ついさっき」と使うと，この「少し」がさらに短くなります。ですから「さっき」より「ついさっき」のほうが，今に近いということになります。下の応答例ＢとB'を比べてみてください。

Ａ：Ｃさん，もう帰った？
Ｂ：うん，さっき帰ったよ。
B'：うん，ついさっき帰ったよ。

B'のように言われたら，走って追いかけたら追いつく可能性がありそうです。これは時間的なことですが，たとえば「つい目と鼻の先で火事があった」と言うときは，すごく近くで火事があったということが伝わります。

さらに②**「思わず」「無意識のうちに」**という意味があります。「～てしまう」といっしょに使われることが多いです。というのも，「つい」には，本当はしてはいけないことをした，あるいは，本当はするつもりがあったのに，しなかったなどの気持ちがあるからなのです。たとえば，「甘い物が制限されていて食べてはいけないと言われているのに，目の前にあると，つい手が出てしまう」「禁酒を誓ったのに，友だちに誘われて行った店でつい１杯飲んでしまった」のように使います。また，「伝言を頼まれていたのに，余計な話をしてつい肝心な話をしないで帰ってきてしまった」などのように「するつもりだったのに，しなかった」ことにも使えます。

【2】「ついでに」の意味・用法

例（2）の「ついでに」は，**「その機会を使っていっしょに」**という意味を持ちます。たとえば「コンビニに行くついでにアイス買ってきて」などのような言い方ができますが，本来の目的，つまりコンビニに行くという目的があるのであれば，「その機会を使っていっしょにアイスを買ってきて」と頼んでいるわけです。〈N＋のついでに〉の形で使うこともできます。たとえば，「出張のついでに，故郷の両親の顔を見てきた」「買い物のついでに，美容院にも行ってきた」などです。少し硬い表現になりますが，「兼ねる」も同じように使うことができます。「兼ねる」も本来の目的があって，もう１つ別に何かするという意味で使いますが，「～を兼ねて」という文の場合，文末に使われる語のほうが主な目的になります。たとえば，「現地視察を兼ねて出張に行く」などと言えます。一方で，「?出張を兼ねて両親の顔を見てくる」という言い方はおかしいです。これは「両親の顔を見ること」が主目的になっているためです。

また，上司が部下に「○○さん，N 社に行ったついでに部長の鈴木さんにこの書類渡してきてください」とは言えますが，部下が上司にこのように用件を頼むことは失礼になるので，使用には注意が必要でしょう。友だちや後輩への依頼なら問題ありません。

【3】「つい」と「ついでに」の違い

質問にあった「つい言いそびれてしまった」と「ついでに言いそびれてしまった」についてですが，「つい」は「本当は言おうと思っていたのに，言わなかった」という意味になるのに対して，「ついでに言いそびれた」は，「この機会を利用して言おうと思っていたのに言わなかった」という意味になります。後者の文の場合，「ついでに」の後に「言おうと思っていたが」という文をつけ加えたほうが，意味は明確になります。

提示例文

「つい」

由美子：その時計，すごくかっこいいね。
真紀：ありがとう。何本か時計は持ってるから，買うつもりはなかったんだけど，先週デパートで見つけてつい買っちゃった。

小沢：ホワイトさんは週末何をしていますか。
ホワイト：最近，プラモデル作りにハマっています。つい時間を忘れて，ご飯を食べ忘れることもあります。
小沢：そんなに！　本当に好きなんですね。

ホワイト：新人教育って難しいですね。
工藤：何かあったの？
ホワイト：いやあ，黙って見ていられなくて，つい手伝ってしまうんですよ。
工藤：それをすると，新人は仕事を覚えないからね。手を出したくなっても，我慢してできるのを見守る，これも先輩の仕事かな。

「ついでに」

ホワイト：大阪出張はどうでしたか。

小沢：M社と商談がまとまったので，よかったです。出張のついでに販売店の視察もしてきました。

ホワイト：充実した出張でしたね。

真紀：ゼミ室にあったお菓子，もうなくなっちゃったみたい。アリさん，お昼ご飯を買いにコンビニへ行くなら，ついでに買ってきてくれる？

アリ：はい。あるとつい食べちゃうから，すぐなくなるんですよね。

工藤：今からY社に行くのなら，ついでにU社に寄って，これを担当者に渡してきてくれないかな。

小沢：承知しました。行ってきます。

コラム

「がてら」

「ついでに」と似た使い方ができるものに「がてら」があります。「駅に行くついでに，パンを買ってきた」「駅に行きがてら，パンを買ってきた」は，確かに意味はどちらも「駅に行く機会を使ってほかのこともする」です。「がてら」も「ついでに」同様，「行く」「来る」などの動詞といっしょに使われることが多いです。また，〈N＋がてら〉の場合は，動作性の名詞が用いられます。たとえば「運動がてら，コンビニで買い物をする」「犬の散歩がてら，郵便局に寄ってくる」などです。ただ，「インターネットで本の注文のついでに，日用品も買った」とは言えますが，「?インターネットで本の注文がてら，日用品も買った」だとやや不自然に聞こえます。「注文」という名詞では動作性が弱いからです。これが「ついでに」と「がてら」の違いです。

29 例を提示する

「なんか／など」

質問

話しているときに，よく「なんか」「なんか」と聞くんですが，この「なんか」と，「あれなんかどう？」の「なんか」は同じですか。「あれなんかどう？」の「なんか」は「など」と同じですか。よくわからなくなりました。

例

（1）

小沢：ホワイトさんは，お酒何でも強いですよね。
ホワイト：学生時代にいろいろ飲んでいたからかな。小沢さんは？
小沢：ワインなんかが好きで飲みますけど，グラス１杯飲んだら，もういい気持ちになって終わりです。

（2）

工藤：先日の新製品プロジェクトの立ち上げはうまくいった？
ホワイト：はい。でも，山田さん，チンさんなどは，反対意見があるようでした。
工藤：反対意見なんかが出たほうが，逆にいいものができる可能性は高いよ。頑張ろう。

解説

【１】「なんか」の意味・用法

「なんか」は，質問にある「あれなんかどう？」と言うときの「なんか」や，話のつなぎに使う「なんか」がありますが，実はそれぞれ品詞が違います。
最初の「あれなんかどう？」の「なんか」は，**取り立て助詞**（⇒ p. 61）です。**名詞に接続して例として取り上げる**という意味があります。この場合は「あれなどはどうですか」という意味です。意味は「など」と同じですが，くだけた言い方なので，話す場面によっては少しぞんざいな印象を与えるかもしれません。

例（1）の小沢さんが［ワインなんか飲みます］と言っているのは，「お酒の例を挙げるとしたら，ワインなどを飲みます」という意味になります。話しているのが同僚なので問題ありません。また，「なんか」の後に打ち消しの表現をつけて「Y さんなんか会っていない」「お酒なんか飲まない」「あなたなんかにわかるわけない」などと言う場合がありますが，これを使うと「Y さんに会うこと」「お酒を飲むこと」「あなたがわかること」について，少し見下して「それはない」と述べているような感じが出ます。この使い方では「なんか」を「など」に言い換えることができます。

一方で，話をつなげるときに使う「なんか」は**副詞**です。たとえば「なんかおもしろくない」「犬のしぐさを見ていると，なんかほっとする」などもこの使い方です。「なんとなく」「どことなく」という意味です。さらにもう1つ，**連語**の「なんか」もあります。これは「なにか」のくだけた言い方です。たとえば，「なんか食べたい」「なんか変な音がした」「なんかいい匂いがする」などがこれの例です。副詞，連語いずれの場合も，「なんか」を「など」に言い換えることはできません。

質問にあった話のつなぎに使う「なんか」と「あれなんかどう？」の「なんか」は何となく似ているようですが，品詞も意味も違うということです。

また，「なんか」に似た取り立て助詞の「なんて」は，**軽視**や**驚き**を表します。たとえば「テストなんて（なんか）大嫌いだ」という文は軽視を表します。さらに，「こんなに雨が降るなんて（?なんか）思わなかった」という文は驚きを表します。「なんて」は**「などとは」のくだけた表現**なので，後者の文のように「雨が降る」など引用節の後に使えます。ただし，基本的に「なんて」の**後に助詞は使えない**ので，例（2）を「?反対意見なんてが出た」とは言えません。この場合「なんか」または「など」を使います。

【2】「など」の意味・用法

取り立て助詞「など」は，例（2）を見てください。反対意見を言ったのが［山田さん，チンさんなど］と言っていますが，これは言外に山田さん，チンさん以外にも反対意見を述べた人がいるということを表しています。**「など」は，いくつか同じ種類のものがあるけれども，その主なものを例として挙げる**という意味になるので，（2）は例として主な反対者を挙げると「山田さん，チンさん」だったということです。ほかには，「この商店街には，八百屋や魚屋などが軒を連ねている」のように使います。商店街には八百屋や魚屋以外にも，さまざまな店があるけれども，その中で主なものを挙げると，八百屋と魚屋だという意味です。

「など」は，「八百屋や魚屋など」「だるい，気持ち悪いなどの症状がある」のように名詞，形容詞に接続することができるのですが，動詞に接続することもできます。「具合が悪いなら，薬を飲むなどして早く直したほうがいいですよ」「わからないなら，先輩に聞くなどして，期日までに報告書を仕上げてください」などのように使います。前者は「薬を飲む」ことだけではなく，体調がよくなるようなほかのことも言外の意味として含めており，主な例として「薬を飲む」ということを挙げているわけです。報告書の例でも，「先輩に聞く」ほかに，「自分で資料を見る」「過去の報告書から学ぶ」など，報告書を仕上げるためのいくつかの方法の中から主なこととして「先輩に聞く」という方法を提示しています。

初級で「机の上に本やノートなどがあります」を「NやNなど」の文型の例として学習したと思いますが，これは，机の上には本やノートのほかにも，まだいろいろあるけれども，主な例を挙げるとしたら「本やノートだ」ということを表現しているわけです。「など」には，後ろに否定の「ない」を伴った表現もあります。「もうあなたの顔など見たくもない」という映画の１シーンのような台詞がありますが，この言い方は「など」が接続したものについて，軽視，驚きや意外の気持ちを少し表します。「○○さんの言うことなど信じられない」「不合格になるなど考えたこともなかった」などがこの例です。この「など」もそうですね。このように，例がたくさんあるとき，その中から何か取り出して説明したり，提示したりするときにみなさんも無意識に「など」を使っていることに気づくかもしれません。

提示例文

「なんか」

アリ：いつも家でどんな料理を作っているんですか？
真紀：うーん，簡単な料理ばかりだよ。
アリ：たとえば？
真紀：カレーなんか簡単に作れるから，よく作ってるよ。

工藤：ビジネス文書を読みこなすのは大変でしょ？　漢字なんか特に難しいし。
ホワイト：そうですね。間違えてはいけないので，辞書や翻訳サイトなどはなくてはならない存在ですね。
工藤：なるほどね。いろんなツールを最大限に利用しているんだ。

真紀：食料品なんかの買い物はいつもどうしてるの？
アリ：毎日食べる物なんかは，近くのスーパーに行くんだけれど，国の調味料なんかがほしくなると，そこでは買えなくて……。
真紀：そういえば，アリさんの国の調味料などは，ABC デパートにあったと思うよ。

「など」

小沢：いっしょにランチ行きませんか。
ホワイト：いいですね。何にしましょうか。
小沢：アジア料理などはどうですか。
ホワイト：いいですね。なんかタイ料理が食べたくなってきました。

（授業初回のオリエンテーションにて）
教員：このクラスでは毎回課題を出します。たとえば，小テスト，リアクションペーパー，ミニ発表などです。出席することがとても重要なので，休む場合はメールするなどして事前に知らせてください。

29

例を提示する

30 文末表現の終助詞

「な／なあ／ね／よね」

質問

「いいな」と「いいなあ」は同じですか。また，「そうだね」という返事と「そうだよね」という返事をよく聞くんですが，意味に違いはありますか。終助詞の使い方は難しいです。

例

（1）

工藤：明日までの資料，どこまで進んだ？
ホワイト：4時ごろまでには終わります。1度チェックしていただけますか。
工藤：了解。じゃあ，会議には間に合いそうだな。

（2）

小沢：ホワイトさんは自転車通勤だから，混んだ電車に乗らずに通勤できていいなあ。
ホワイト：小沢さんの乗る電車，いつも混んでますよね。
小沢：そうなんです。来週から時差通勤しようかなあ。

（3）

真紀：今日のランチ，新しくできた学食に行ってみない？
アリ：いいですね。行きましょう。

（4）

真紀：駅前のレストランに行ってみたけど，あまりよくなかったよ。
由美子：確かにちょっと高いよね。

真紀：サービスも今１つだし……あれならちょっと遠いけどＮレストランのほうがいいと思うよ。

解説

【1】「な」の意味・用法

終助詞「な」には，いくつか意味があります。例（1）のような①**軽い断定，自分の意見を述べるようなときに使う「な」**があります。この文では，上司が明日の会議までに資料ができるかどうか心配しているのに対して，部下が「4 時ごろまでにはできる」と言ったので，［間に合いそうだな］と自分の意見を述べているわけです。ほかには，たとえば以下があります。

Ａ：明日の会議は何時からだっけ？
Ｂ：朝一 9 時からでしたよ。
Ａ：9 時からだな。じゃあ，今日中に準備しておこう。

このように，会議の時間を確認して，「9 時からだ」と自分自身で軽く断定しているわけです。また，ほかの場面で，お父さんが子どもに「この散らかったおもちゃ，晩御飯までに片付けような」という言い方でも使います。これは相手に**念押し**するような意味があります。

また，②**禁止の意味を持つ「な」**もあります。「まだ，入るな」「こっちに来るな」などがこれの例です。かなり強い禁止の意味なので，使える相手は限られます。たとえば，部下が上司に向かって「来るな」とは言えません。ただ，大変差し迫った場面で，どうしてもこちらに来てほしくないという時には，上下関係を問わず使うことができます。

【2】「なあ」の意味・用法

では，「なあ」はどのような意味があるのでしょうか。例（2）［混んだ電車に乗らなくていいなあ］［時差通勤しようかなあ］と，どちらにも**詠嘆**の意味があります。また同時に，特に相手への考慮というより，自分自身の気持ちをそのまま表すときに使われます。［乗らなくていいなあ］も「時差通勤しようかなあ］も，**特に相手に同意を求めているのではなく，自分がそう**

30
文末表現の終助詞

したいという気持ちをそのまま表現しているわけです。ただ，これらの文において「な」を使った場合は，「なあ」より相手を意識したニュアンスが加わります。

感動詞の「なあ」もあります。これは主に文頭で使います。たとえば「なあ，いいだろう。いっしょに行こうよ」「なあ，うんって言ってくれよ」など，相手に呼びかけたり，同意を求めたりする意味があります。

【3】「な」と「なあ」の違い

質問にあった「な」と「なあ」の違いですが，ちょっと例文を見てみましょう。

A：明日のお天気どうかなあ。
B：天気予報では晴れでしたよ。何かあるんですか。
A：実は，富士山に登ろうと思っていて。

上記のような場合，「明日のお天気どうかなあ」と言っているAさんは，空を眺めながら話していたとして，Bさんのような返事を期待していたかというと，そこまでではないかもしれません。ということは，ほぼ独り言のように「お天気どうかなあ」とつぶやいているわけです。でも，これを「お天気どうかな」と言うと，独り言のニュアンスから少し離れ，相手に質問している感じを与えます。「なあ」のほうが，話し手の感情がより強く表現されるので，聞いた人の印象が変わるのかもしれません。

【4】「ね」の意味・用法

例（3）［いいですね］は，さまざまな場面で聞くことがあると思います。学習者のみなさんなら，教室で先生からの質問に的確に答えられたとき，先生から「いいですね」と言われたり，明日の休みに友だちとハイキングに行くと言ったときに，相手から「いいですね」と言われたりするのではないでしょうか。教師のみなさんなら，学習者の答えに「いいですね」と言うことは多いと思います。「いいですよ」とは，明らかに違うので，教室の中ではあえて，この違いを出すために場面によって「いいですね」と言ったり，「いいですよ」と言ったりして，自然に違いがわかるようにしている先生もいるのではないかと思います。

「ね」は，①**それを言う人も，聞いている人も知っていることについて使うことができます。**ですから，例（3）のように，真紀とアリの両方が知っている学食に行ってみることについて［いいですね］と言っているのです。これを話し手しか知らないことについては使うことができません。たとえば「?私はアリですね」と自己紹介したとしたら，これはとても変な文になります。「私の国では，6月はほとんど毎日のように雨が降りますね」と言われても，それを知らない聞き手は「？」となります。これが「日本の6月は，ほとんど毎日のように雨が降りますね」と言われたら，「そうですね。梅雨ですから」などと話が弾むと思います。「ね」の基本は，話している人も，聞いている人も知っていることに使うということです。例にあるように，相手に確認したり，同意を求めたりする意味で使います（⇒『初級編』pp. 176-181）。

「ね」には，②**指示を出すときに，少しそれを柔らかく伝える機能**もあります。たとえば「コンビニ行ってきて。急いでね」などのように，「急いで」といわれるより「急いでね」と言ったほうが少しやさしい感じになります。

【5】「よね」の意味・用法

では「よね」になると，どのような意味が加わるのでしょうか。**「よね」は，話している人が「そうだ」と意見を述べる「よ」と，相手に同意や確認を求める「ね」が合わさった意味を持ちます。**

例（4）の会話では，「よくなかったよ」と，真紀は意見を述べています。それに対して，由美子は［確かにちょっと高いよね］と真紀の「よくない」という意見に同意しつつ，さらに自分の意見である「高い」という点について，真紀に「どう思う？」と確認しているわけです。このように，話している人が述べたことに同意して，さらに自分の意見を述べて，それについて同意を求めるときに「よね」を使います。つまり，「よ」を使って，真紀が自分の意見を述べたとき，由美子が「よね」を使って答えたということは，真紀に「私も同じ意見を持っています」ということを伝えているわけです。そして同意しているという前提の上に，さらにそれを確認するような意見を由美子が述べているということになります。母語話者は，このようなことをいちいち意識しながら話しているわけではありませんから，日本語を学ぶ学習者にとって，終助詞がうまく使えないというのは，仕方のないことなのかもしれません。たった１文字の「よ」「ね」ですが，場面によってはこの１文字で違った意味が伝わってしまうので，冒頭のような「終助詞の使い方は難しい」という意見が出るのだと思われます。

提示例文

「な／なあ」

アリ：段ボールに書いてあるこれ，何て読むんですか？
真紀：これは「天地無用（てんちむよう）」だよ。
アリ：どういう意味？
真紀：「上と下を反対にするな」っていう意味。
アリ：へぇ，知らなかったです。初めて聞きました。
真紀：これで１つ単語を覚えたね。
アリ：うん。おかげさまで。

真紀：アリさん，見て見て！
アリ：何？
真紀：桜がこんなにたくさん咲いてる！
アリ：本当だ！　きれいだなあ。
真紀：去年はこんなにたくさん咲いてなかったのに。
アリ：ええ。去年は雨が多かったからなあ。

「ね／よね」

アリ：キムさん，昨日の映画おもしろかったよね。
キム：え，それほどでもなかった。
アリ：本当？　真紀さん，面白かったよね。
真紀：うん。まあまあ。

（ミーティング後に）
ホワイト：今日のミーティングで価格が決まってよかったですね。
小沢：本当ですね。次回のミーティングまで保留になりそうでしたもんね。

ホワイト：次回のミーティングって，部長も参加されるんですよね。

小沢：ええ，あと常務も。

ホワイト：気を引き締めて取り掛からないと。

アリ：あそこに書いてある「花を取るな」って，どういう意味ですか。

真紀：ほら，ここのうち，家の周りにきれいな花を置いているでしょう？　きっと誰か鉢ごと持っていっちゃうんじゃない？　ひどいね。

アリ：こんなにきれいに咲かせるのは大変だろうなあ。取っていくってひどいですよね。

コラム

「食べな」って何？

あるとき，教室に来た学生に「近所の顔見知りのおじさんに『食べな』って言われたんですけど，これはどういう意味ですか」と聞かれたことがあります。この学生は，東京の下町に住んでいたこともあり，そのおじさんとは，通学などで部屋を出入りするときに，顔が会えば挨拶をする程度の関係はあったようです。

「食べな」という「な」を伴うものは，学生にとっては「禁止」を表しているようなので，何も食べていないのに，なぜ「食べな」なのか，もし禁止なら「食べるな」なのに，何かおかしい……と思ったそうです。「食べな」「寄って行きな」「早く行きな」などは，もう少しわかりやすく言うと「食べなさい」「寄って行きなさい」「早く行きなさい」というやわらかい指示，勧誘の意味があります。使われるのは，主に関東の下町のほうなので，それ以外の人が聞いたときは，意味がわからないこともあるかと思います。北海道で命令形を使うと，「食べろ」が「食べれ」になったり，「起きろ」が「起きれ」になったりしますが，地域によって活用形が変わるというのも，考えてみれば非常に興味深いことなのではないでしょうか。

付録　練習問題実例集

学習者がそれぞれの文法項目を一通り習ったあとに，次のような練習問題を用意し，用法や使い分けを確認する方法もあります。ルビは学習者のレベルに応じ，振ってください。解答は p. 212 以降にあります。

1　理由を示す「わけ」のいろいろ
「わけだ／わけがない／わけではない／わけにはいかない」

■次の文を読んで正しいものを選んでください。

⑴　お金持ちだからといって，その人たち全員が幸せな（ わけだ ・ わけではない ・ わけにはいかない ）。

⑵　昨日は遅刻をしてしまったので，今日は絶対に遅れる（ わけだ ・ わけではない ・ わけにはいかない ）。

⑶　こんな変な車，絶対に人気が出る（ わけだ ・ わけがない ・ わけにはいかない ）。

⑷　1 時から 5 時まで図書館で勉強していたということは，4 時間図書館にいた（ わけです ・ わけではありません ・ わけがありません ）ね。

⑸　あそこのレストランはいつも混んでいるけど，料理がおいしい（ わけだ ・ わけではない ・ わけにはいかない ）。

2　順接と逆接を示す「ものだから／もので」「ものの」

■次の文を読んで正しいものを選んでください。

⑴　一生懸命勉強した（ ものだから ・ ものの ），試験に合格できなかった。

(2) 昼にたくさん食べた（ ものだから ・ ものの ），全然お腹が空かない。

(3) A：今からいっしょにレストランに行きませんか。
B：すみません。今日はもう予定が入っている（ もので ・ ものの ），ちょっと難しいです。

(4) 空は曇っている（ ものだから ・ もので ・ ものの ），今日はとても暖かい。

(5) 返事が遅くなって申し訳ありません。昨日は休みを取っていた（ ものだから ・ もので ・ ものの ）……。

3 順接と逆接を示す「からこそ」「からといって」

■次の文を読んで正しいほうを選んでください。

(1) 頭が痛い（ から ・ からこそ ），薬を飲んだら，すぐに治った。

(2) たくさん勉強した（ からといって ・ ものの ），試験でいい点が取れるわけではない。

(3) 新しいカメラを買った（ からといって ・ ものの ），全然使っていない。

(4) 岡田さんがいた（ からこそ ・ からといって ），試合に勝つことができた。

(5) ダイエットをしている（ からこそ ・ からといって ），何も食べないのはよくない。

4 程度を示す「たかだか／たかが」

■次の文の「たかだか／たかが」の使い方が正しければ○，間違っていれば×を書いてください。

(1) A：Bさんは毎朝散歩しているんですよね。
（　　）B：ええ。散歩といっても，たかだか10分程度ですけどね。

⑵　　A：Bさん，ポーカー強すぎるよ！　私にも勝たせてよ！
（　　）B：たかだかゲームで本気にならないでよ。

⑶　　A：あのお店，アイスクリームがすごくおいしいですよね。
（　　）B：ええ。たかがアイスクリームだと思っていましたが，ほかの店と味が全然違います。

⑷　　A：Bさんはアメリカに留学したことがあるんですよね。向こうには何年も住んでいたんですか。
（　　）B：いえいえ，そんなに長くないです。たかが半年ぐらいですよ。

⑸　　A：少し熱があるんですが，今日のパーティーには行こうと思います。
（　　）B：たかだか風邪だと思わずに，しっかり休んだほうがいいですよ。

5　程度を示す「ちょっと／ちょっとした」

■次の文を読んで正しいほうを選んでください。

⑴　手紙を出してくるので，（ ちょっと ・ ちょっとした ）だけここで待っていてください。

⑵　あの，（ ちょっと ・ ちょっとした ）すみません。水のおかわりをお願いします。

⑶　（ ちょっと ・ ちょっとした ）アイディアからこの商品は生まれました。

⑷　A：火曜日の夜パーティーがあるんですが，行きませんか。
B：その日はもう約束があるので，（ ちょっと ・ ちょっとした ）難しいですね。

⑸　この本は，（ ちょっと ・ ちょっとした ）時間に読むのにちょうどいい。

6　不可能を示す「ないで（ずに）はいられない／てはいられない」

■次の文を読んで正しいほうを選んでください。

⑴　もう20歳だし，いつまでも子ども（ でいないではいられない・ではいられない ）。

⑵　山田さんの話はとても面白くて（ 笑わずにはいられなかった・笑ってはいられなかった ）。

⑶　午後から会議があるので，ゆっくり（ しないではいられない・してはいられない ）。

⑷　足が痛いから，もう（ 立たないではいられない・立ってはいられない ）。

⑸　注文してから料理が来るまで，すごく時間がかかったので，店員に文句を（ 言わずにはいられなかった・言ってはいられなかった ）。

7　不可能と可能性を示す「かねる」「かねない」

■次の文を読んで正しいほうを選んでください。

⑴　当店では，ご注文後のキャンセルはでき（ かねます・かねません ）。

⑵　何度も遅刻していると，課長に怒られ（ かねる・かねない ）よ。

⑶　どちらの服を買おうか，決めるに決め（ かねている・かねないでいる ）。

⑷　捨てられた子猫を見るに見（ かねて・かねないで ），家まで連れて帰った。

⑸　寝不足は病気の原因になり（ かねる・かねない ）。

8　期間・期限を示す「あいだ／うち／まで」

■次の文を読んで「あいだ／うち／まで」の使い方が正しければ○，間違っていれば×を書いてください。

(1)　(　　)　私がお風呂に入っているあいだに，弟は晩ご飯を食べ終えた。

(2)　(　　)　私がお風呂に入っているあいだに，姉はずっとテレビを見ていた。

(3)　(　　)　雨が降っているあいだは，家にいよう。

(4)　(　　)　私がお風呂に入っているうちに，地震があった。

(5)　(　　)　何度も練習しているうちに，ピアノが上手になった。

(6)　(　　)　子どもが小さいうちに，あまり外食ができない。

(7)　(　　)　金曜日までにお返事をください。

(8)　(　　)　金曜日までに私はずっと福岡にいる。

9　期間・間隔を示す「おき／ごと」

■次の文を読んで「おき／ごと」の説明として正しいものを1つ選び，○を書いてください。

(1)　東京行きの電車は15分おきに来る。

(　　)　9時に電車が来たから，次の電車は9時15分に来る。

(　　)　9時に電車が来たから，次の電車は9時16分に来る。

(　　)　9時に電車が来たから，次の電車は9時30分に来る。

(2)　チームごとにリーダーを決めてください。

(　　)　AチームとBチームの人たちが話し合ってリーダーを1人決める。

(　　)　AチームとBチームの人たちが話し合ってリーダーを2人決める。

(　　) A チームの人たちが話し合ってリーダーを 1 人決め，B チームの人たちが話し合ってリーダーを 1 人決める。

(3) この水泳大会は 2 年おきに開かれる。
(　　) 2000 年に水泳大会が開かれた場合，次は 2002 年に開かれる。
(　　) 2000 年に水泳大会が開かれた場合，次は 2003 年に開かれる。
(　　) 2000 年に水泳大会が開かれた場合，次は 2004 年に開かれる。

(4) こちらの病院へは 3 週間ごとにお越しください。
(　　) 2 週間に 1 度病院へ行かなければならない。
(　　) 3 週間に 1 度病院へ行かなければならない。
(　　) 4 週間に 1 度病院へ行かなければならない。

(5) 電柱からバス停まで 10 メートル離れていて，その間には 2 メートルおきに木が植えてある。
(　　) 電柱とバス停の間には木が 4 本ある。
(　　) 電柱とバス停の間には木が 5 本ある。
(　　) 電柱とバス停の間には木が 6 本ある。

10　主張・確信を示す「べきだ／はずだ／ちがいない」

■次の文の（　　）に下記の中から正しいものを入れてください。ただし，それぞれの選択肢は 1 度しか使えません。

べきだ・べきではない・はずだ・はずがない・にちがいない

(1) 子どもにあまりテレビを見せる（　　　　　　）という意見について，どう思いますか。

(2) お腹が痛い。何か変な物を食べた（　　　　　　）。

(3) こんなに晴れているのに，雨が降る（　　　　　　）。

(4) 先生が「学生はたくさん本を読む（　　　　　　）」と言った。

⑸ A：山口さん，遅いね。
B：もうすぐここに着く（　　　　　　）よ。今，山口さんから「駅に着いた」というメールをもらったから。

11　極端な例を示す「さえ／すら／でも」

■次の文を読んで正しいものを選んでください。

⑴ 最近，物忘れがひどくて，昨日の晩ご飯（ すら ・ でも ）思い出せない。

⑵ 今年の冬は，12月（ さえ ・ すら ・ でも ）まだこんなに暖かい。

⑶ 旅行は，行き先（ さえ ・ すら ）決まれば，あとは予約をするだけだ。

⑷ 次の週末，映画（ さえ ・ すら ・ でも ）見に行きませんか。

⑸ 今，お金を持っていないので，ジュース（ さえ ・ でも ）買うことができない。

12　限定を示す「限り／以上」

■次の文を読んで正しいほうを選んでください。

⑴ 1度みんなで決めた（ 限り ・ 以上 ），ルールには従うべきだ。

⑵ 疲れていない（ 限り ・ 以上 ），毎日運動するようにしている。

⑶ 説明を聞いた（ 限り ・ 以上 ）だと，その案は悪くないと思います。

⑷ 一生懸命勉強しない（ 限り ・ 以上 ），この試験に合格することはできないだろう。

⑸ すでに断られた（ 限り ・ 以上 ），何度もデートに誘うべきではない。

13　限定を示す「ただ」

■次の文を読んで正しいほうを選んでください。

(1) もう試験は終わったので，あとは（ ただ・ただでさえ ）結果を待つのみだ。

(2) パーティーに行きたくないわけではありません。（ ただ・ただでさえ ）都合が悪いだけです。

(3) （ ただ・ただでさえ ）仕事で疲れているのに，家族にもいろいろ言われて，さらに疲れた。

(4) 質問をしても，あの人は（ ただ・ただでさえ ）「わかりません」と答えるばかりだった。

(5) 大沢先生の授業は（ ただ・ただでさえ ）難しいのだから，途中で寝てしまったら，絶対に内容がわからなくなるだろう。

14　限定を示す「だけ／のみ／しか／ばかり」

■次の文を読んで「だけ／のみ／しか／ばかり」の使い方が正しければ○，間違っていれば×を書いてください。

(1) （　　）生き物の中で人間ばかりがことばを使う。

(2) （　　）先月は忙しくて，1回しか友だちと遊ばなかった。

(3) （　　）先週は晴れの日が少なく，雨の日だけだった。

(4) （　　）昨日は原田さんしかに会わなかった。

(5) （　　）パスワードとは，本人のみが知る文字の組み合わせのことである。

(6) （　　）授業中，あの人は寝てばかりいる。

(7) （　　）さっき起きてばかりなので，全然お腹が空いていない。

15　限定を示す「からの／までの／での／への／との」

■次の文の（　　）に下記の中から正しいものを入れてください。選択肢は何度使ってもいいです。

からの・までの・での・への・との

(1)　会議室（　　　　）飲食はご遠慮ください。

(2)　先生（　　　　）メールを見たら，「今日の授業は休講です」と書いてあった。

(3)　飯田さん（　　　　）旅行はとても楽しかった。

(4)　待ち合わせ（　　　　）時間はカフェにいた。

(5)　昨日，デパートで恋人（　　　　）誕生日プレゼントを買った。

(6)　この会社に入って（　　　　）１年間は，本当に大変だった。

(7)　今日の授業では，地球が誕生する（　　　　）歴史について説明します。

16　原因・影響を示す「おかげ／せい／せいか」

■次の文を読んで正しいほうを選んでください。

(1)　人身事故で電車が遅れた（ おかげで ・ せいで ）授業に遅刻してしまった。

(2)　部長のアドバイスの（ おかげで ・ せいで ）いいプレゼンテーションができた。

(3)　夏になると電気代が異常に高くなるのは，このエアコンが古い（ おかげだ ・ せいだ ）

(4)　血糖値が高いのは，僕が甘いものが好きな（ せいだから ・ せい ）なのだろうか。

(5) 旅行するのに新しい靴を履いていった（ おかげで ・ せいで ）靴擦れができて足が痛い。

(6) 寝る前に，熱いお風呂に入った（ おかげか ・ せいか ）目がさえて眠れなくなってしまった。

(7) 突然の雨に降られたが，先輩が車で送ってくれた（ おかげで ・ せいで ）濡れずに帰ることができた。本当に助かった。

17 根拠・よりどころを示す「によって／によると」

■次の文を読んで「によって／によると（よれば）」の使い方が正しければ○，間違っていれば×を書いてください。

(1)（ ）会議の資料によると，新製品の価格はあと5%下げることができるそうだ。

(2)（ ）大学の発表によると，来年度の募集人数は大幅に増えることがわかった。

(3)（ ）大学の発表によって，来年度の募集人数は大幅に増えるようだ。

(4)（ ）速報によると，逃げていた犯人が見つかったそうだ。

(5)（ ）ニュースによって，この路線に新しい駅ができるそうだ。

(6)（ ）ニュースによれば，この路線に新しい駅ができるようだ。

(7)（ ）O氏の理論は，この実験結果によって証明された。

18 条件を示す「ようものなら／ものなら」

■次の会話文を読んで「ようものなら」または「ものなら」を使って文を完成させてください。

⑴　A：もし，今１つだけ願いをかなえてもらえるとしたら，何がいい？
B：(できる　⇒　　　　　　　　　　) 小学生時代に戻って，もう１度やり直したい。

⑵　A：この辺りは大きな家が多いし，治安もいいらしいよ。
B：(買う　⇒　　　　　　　　　　) 買いたいけれど，とても高くて手が出ないよ。

⑶　A：先週末のライブコンサートどうだった？
B：随分前にチケット買って楽しみにしていたのに，台風で流れちゃった。(行く　⇒　　　　　　　　　　) 行きたかったなあ。

⑷　A：体調，よくなりましたか。
B：いえ，まだちょっと熱があって……。
(休む　⇒　　　　　　　　　　) 休みたいんですが，あいにく今日は大事な仕事で休めず。
A：大変。お大事にしてください。

⑸　A：昨日，公園で捨て猫見つけちゃった。
B：それでどうしたの？　連れて帰ったの？
A：そうしたかったんだけど，うちの親は猫アレルギーで，
(連れて帰る　⇒　　　　　　　　　　) 大変なことになっちゃうから，獣医さんに預けた。

19　発見・結果を示す「たところ／たら／たとたん」

■次の文を読んで正しいほうを選んでください。

⑴　ドアを（ 開けたところ ・ 開けたとたん ），突然犬が飛び出して来た。

⑵　先生にお礼状を（ 書いたところ ・ 書いたとたん ），先生から丁寧なお返事をもらった。

⑶　明日，雨が（ 降ったところ ・ 降ったら ），ピクニックは中止です。

⑷　家を（ 出たところ ・ 出たとたん ），雨が急に降り出した。

(5) レポートが（ 書き終わったところ ・ 書き終わったら ），ちょっとこちらの仕事を手伝ってくれませんか。

20 同時進行を示す「つつ／ながら」

■次の文を読んで「つつ／ながら」の使い方が正しければ○，間違っていれば×を書いてください。

(1) （　　）本を読みながら，食事をするのはやめなさいって父に怒られた。

(2) （　　）お母さん，晩ご飯を食べつつ，テレビを見てもいい？

(3) （　　）今，車の修理をしつつあるので，今日はバスで行きます。

(4) （　　）もう，雨が止みつつあるので，傘は持っていきません。

(5) （　　）スマホの画面を見ながら歩いていたら，駅員さんに注意された。

(6) （　　）この台風は強風を伴いながら，北上しています。

(7) （　　）あの人は生まれつつの素晴らしいピアニストだ。

21 「て形」を用いた表現「ていく／てくる／ている／ていた／てしまう」

■次の A，B 2 つの文がほぼ同じ意味なら○，違っていれば×を書いてください。

(1) （　　）A：11 月になれば，だんだん寒くなっていくでしょう。
B：11 月になるころには，寒くなっているでしょう。

(2) （　　）A：雨が降ってきた。
B：今まで晴れていたのに，今は雨だ。

(3) （　　）A：エリーさんは 10 年間日本に住んでいる。
B：エリーさんは日本に来て，もう 10 年も経ってしまった。

(4) (　　) A：あの車は昨日からずっとそこに止まっていました。
B：あの車は昨日，そこに止まっていました。今はありません。

(5) (　　) A：父は，毎朝公園まで散歩しています。
B：父は今，公園まで散歩に行っています。

22 「試みる」のいろいろ 「てみる／てみると／てみたら／てもみない」

■使い方が正しければ○，間違っていれば×を書いてください。

(1) (　　) 鈴木さんに本を借りて読んでみたが，読まなかった。

(2) (　　) 今，振り返ってみると，いろいろなことがあった。

(3) (　　) ジャケットを着てみると，体が大きく見えた。

(4) (　　) 電車に間に合うなんて思ってもみなかった。

(5) (　　) 素敵なスカート！　ちょっと履いてみると？

(6) (　　) 靴を買うときは，試しに履いてもみないでわからない。

(7) 「駅から徒歩３分。買い物便利」
(　　) この部屋が本当にいいかどうか，行ってみたらよくわかった。

23 対象を説明する「向き／向け」

■次の文を読んで【　　】の意味になるように，(　　) の中から正しいほうを選んでください。

(1) これは，子ども (向き ・ 向け) 商品です。
【子どもに適している】

(2) 私の部屋は，南 (向き ・ 向け) なので，日当たりがとてもいいです。
【南の方角に窓がある】

(3) これらの商品は，すべてヨーロッパ（ 向き ・ 向け ）です。
【ヨーロッパを対象としている】

(4) 彼女は，日本で働いている外国人（ 向き ・ 向け ）の日本語教室の先生です。【外国人を対象としている】

(5) 何ごとにも（ 向き不向き ・ 向け不向け ）がある。【慣用表現】

(6) 昨日，探していた長期旅行（ 向き ・ 向け ）のかばんが見つかった。
【長期旅行に適している】

(7) 彼女の会議での発言はいつも（ 前向き ・ 前向け ）だ。
【前の方向を向いている／積極的だ】

24 話題の提示・状況の説明を表す「について／に関して／をめぐって／にとって／に対して／において」

■次の文を読んで１番適切なものを選んでください。

(1) 来年の旅行先を，北海道にするか，九州にするか（ にとって ・ について ・ に関して ）クラスで話し合いをした。

(2) これは１人の女性（ における ・ にとっての ・ をめぐる ）長編ラブストーリーです。

(3) 外国人（ について ・ にとって ・ に関して ）日本人の名前は発音するのが難しいそうだ。

(4) 先生，来週提出のレポート（ をめぐって ・ にとって ・ について ）もう少し説明してください。

(5) 先月ニューヨークで開かれた会議では，世界的規模の温暖化対策（ に関して ・ にとって ・ に対して ）活発な議論が展開された。

(6) あの人は，他人（ にとって ・ に対して ・ をめぐって ）厳しいけれど，自分（ にとって ・ に対して ・ をめぐって ）は，もっと厳しい。

(7) 次のオリンピックは●●（ において ・ に対して ・ に関して ）開催されると決まった。

25 意外・予想外を示す「にしては／にしても／にして／として」

■次の文を読んで使い方が正しければ○，間違っていれば×を書いてください。

(1) （　　）初めてのテストだったにしても，この点数は低すぎる。

(2) （　　）彼は毎日ジムに行って体を鍛えていると言っているわりに，寒くなると，すぐに風邪をひく。

(3) （　　）お金がないにしても，1日1食だ。

(4) （　　）この時計は新品にしては，かなり汚れている。

(5) （　　）彼はサッカー選手として足が遅い。

(6) （　　）彼女は今回の大会では5,000メートルの選手として出場する。

(7) （　　）今日は11月にしても，暑い。

26 名詞への変換「こと／の／もの」

■次の文を読んで正しいものを選んでください。

(1) 私はベトナムに行った（ こと ・ の ・ もの ）があります。

(2) 今回の事故は不注意による（ こと ・ の ・ もの ）のようです。

(3) 日焼けしているということは，週末海に行った（ こと ・ の ・ もの ）ですね。

(4) 環境問題に取り組む（ こと ・ の ・ もの ）が今，大切である。

(5) 田中さんの趣味は写真を撮る（ こと ・ の ・ もの ）です。

(6) 私が去年友だちと行った（ こと ・ の ・ もの ）は熱海です。

(7) こんなにうるさい音楽は聞けた（ こと ・ の ・ もの ）ではない。

27　限度・最低限を示す「せいぜい／せめて」

■次の文を読んで正しいほうを選んでください。

(1) 彼を見送りには行けないけれど，（ せいぜい ・ せめて ）電話だけでもしよう。

(2) せっかく来ていただいたのに雨で申し訳ありませんが，（ せいぜい ・ せめて ）館内だけでもご覧になっていってください。

(3) A：今日の忘年会，何人ぐらい来るのかな。
B：みんな忙しいって言っていたから，（ せいぜい ・ せめて ）15人ぐらいじゃないかな。
A：（ せいぜい ・ せめて ）最初の30分だけでも，みんないてくれるといいんだけれど。

(4) 先生にレポートの提出期限を（ せいぜい ・ せめて ）3日ぐらいは延長してほしいって頼んだら，すごく叱られちゃった。

(5) A：Bさん，夏休みは取れそうですか。
B：土日を入れて何とか5日です。（ せいぜい ・ せめて ）1週間はほしかったんですが……。

28　動作を説明する「つい／ついでに」

■次の文を読んで「つい／ついでに」の使い方が正しければ○，間違っていれば×を書いてください。

(1) （　　）駅まで行くなら，ついでにコンビニに寄ってパン買ってきて。

(2) （　　）食べるつもりがなくても，お菓子が近くにあると，ついでに食べてしまう。

(3)　　　A：部長はもう帰られましたか。
（　　）B：はい，ついさっき。

(4)（　　）出張のついでに両親の顔を見に行ってこよう。

(5)（　　）友だちに言わなくてもいいことまでつい言ってしまう，私の悪い癖を直したい。

(6)（　　）部長，A 社に行かれるのなら，ついでに鈴木さんにこれを渡していただけますか。

(7)（　　）昨日，ここからつい目と鼻の先の家に泥棒が入ったそうだ。

29　例を提示する「なんか／など」

■次の文を読んで「なんか」を「など」に，または「など」を「なんか」に置き換えることができるものには○，できないものには×を書いてください。

(1)（　　）私はお酒なんか飲まない。

(2)（　　）机の上には，パソコン，プリンター，本などがたくさんある。

(3)（　　）最近，なんか楽しいことがない。

(4)（　　）二日酔いで頭痛がひどいなら，コーヒーなどを飲むといいよ。

(5)（　　）不合格だった気持ち，合格した君などにわかるわけがないよ。

(6)（　　）お客様，これなんかいかがでしょうか。お似合いだと思いますが。

(7)（　　）なんかいいにおいがする。お腹空いてきちゃった。

30　文末表現の終助詞「な／なあ／ね／よね」

■次の文を読んで「な／なあ／よ／ね／よね」の使い方が正しければ○，間違っていれば×を書いてください。

(1)（　　）今日のランチは，ラーメンにしようかなあ。

(2)（　　）A：明日，晴れたら絶対，海に行こうよね。
B：うん，わかった。

(3)　A：週末は何をしますか。
B：友だちと富士山に登る予定です。
（　　）A：いいですよね。

(4)（　　）A：日本の夏は暑いですね。
（　　）B：はい，本当にそうですよ。

(5)（　　）そこは危ないから，入るな。

(6)（　　）初めまして，私は鈴木ですね。

(7)（　　）夏休み，旅行したいなあ。

解答

1　理由を示す「わけ」のいろいろ
「わけだ／わけがない／わけではない／わけにはいかない」

⑴　わけではない
⑵　わけにはいかない
⑶　わけがない
⑷　わけです
⑸　わけではない

2　順接と逆接を示す「ものだから／もので」「ものの」

⑴　ものの
⑵　ものだから
⑶　もので
⑷　ものの
⑸　もので

3　順接と逆接を示す「からこそ」「からといって」

⑴　から
⑵　からといって
⑶　ものの
⑷　からこそ
⑸　からといって

4　程度を示す「たかだか／たかが」

⑴　○
⑵　×（「ゲーム」のような名詞そのものを評価する場合には「たかが」が正しい）
⑶　○
⑷　○
⑸　×（「風邪」のような名詞そのものを評価する場合には「たかが」が正しい）

5　程度を示す「ちょっと／ちょっとした」

(1)　ちょっと
(2)　ちょっと
(3)　ちょっとした
(4)　ちょっと
(5)　ちょっとした

6　不可能を示す「ないで（ずに）はいられない／てはいられない」

(1)　ではいられない
(2)　笑わずにはいられなかった
(3)　してはいられない
(4)　立ってはいられない
(5)　言わずにはいられなかった

7　不可能と可能性を示す「かねる」「かねない」

(1)　かねます
(2)　かねない
(3)　かねている
(4)　かねて
(5)　かねない

8　期間・期限を示す「あいだ／うち／まで」

(1)　○
(2)　×（その期間ずっとということを表す「あいだ」が正しい）
(3)　○
(4)　×（単に期間の範囲を示す場合は「うちに」ではなく「あいだに」を使う）
(5)　○
(6)　×（その期間中はずっとということを表す「うちは」が正しい）
(7)　○
(8)　×（継続の終点を表す「まで」が正しい）

9　期間・間隔を示す「おき／ごと」

⑴　9時に電車が来たから，次の電車は9時15分に来る。
（単位は「分」なので，15分に1本来る）

⑵　Aチームの人たちが話し合ってリーダーを1人決め，Bチームの人たちが話し合ってリーダーを1人決める。
（「チーム単位で」という意味になる）

⑶　2000年に水泳大会が開かれた場合，次は2003年に開かれる。
（単位は「年」なので，2年の間隔を置き，3年に1度となる）

⑷　3週間に1度病院へ行かなければならない。
（「ごと」なので，3週間に1度となる）

⑸　電柱とバス停の間には木が4本ある。
（単位は「メートル」なので，2mの間隔を置く。植木算の問題は図式化するとわかりやすくなる。以下参照）

　　2m　2m　2m　2m　2m
［電柱］↔［木］↔［木］↔［木］↔［木］↔［バス停］

10　主張・確信を示す「べきだ／はずだ／ちがいない」

⑴　べきではない
⑵　にちがいない
⑶　はずがない
⑷　べきだ
⑸　はずだ

11　極端な例を示す「さえ／すら／でも」

⑴　すら
⑵　でも
⑶　さえ
⑷　でも
⑸　さえ

12　限定を示す「限り／以上」

⑴　以上

(2) 限り
(3) 限り
(4) 限り
(5) 以上

13 限定を示す「ただ」

(1) ただ
(2) ただ
(3) ただでさえ
(4) ただ
(5) ただでさえ

14 限定を示す「だけ／のみ／しか／ばかり」

(1) ×（「だけ」「のみ」が正しい）
(2) ○
(3) ×（雨の日が多かったので，「ばかり」が正しい）
(4) ×（「格助詞＋しか」なので，「にしか」が正しい）
(5) ○
(6) ○
(7) ×（動作の直後を示すので，「たばかり」が正しい）

15 限定を示す「からの／までの／での／への／との」

(1) での
(2) からの
(3) との
(4) までの
(5) への
(6) からの
(7) までの

16 原因・影響を示す「おかげ／せい／せいか」

(1) せいで

⑵　おかげで
⑶　せいだ
⑷　せいだから
⑸　せいで
⑹　せいか
⑺　おかげで

17　根拠・よりどころを示す「によって／によると」

⑴　○
⑵　×（「によって」が正しい）
⑶　×（「によると」が正しい）
⑷　○
⑸　×（「によると」が正しい）
⑹　○
⑺　○

18　条件を示す「ようものなら／ものなら」

⑴　できるものなら（「戻れるものなら」という言い方も可能）
⑵　買えるものなら
⑶　行けるものなら（「できるものなら」という言い方も可能）
⑷　休めるものなら
⑸　連れて帰ろうものなら

19　発見・結果を示す「たところ／たら／たとたん」

⑴　開けたとたん（ドアを「開ける」ことと，突然犬が「飛び出す」ことがほぼ同時に起きたので「とたん」を使う）
⑵　書いたところ（選択肢にはないが，「書いたら」でもよい）
⑶　降ったら（仮定条件の文）
⑷　出たとたん（⑴同様，家を「出る」ことと，雨が急に「降る」ことがほぼ同時に起きたので「とたん」を使う）
⑸　書き終わったら（この「たら」は，「あとで」の意味）

20　同時進行を示す「つつ／ながら」

(1)　○
(2)　×（「ながら」が正しい）
(3)　×（「ている」が正しい）
(4)　○
(5)　○
(6)　○
(7)　×（「ながら」が正しい）

21　「て形」を用いた表現「ていく／てくる／ている／ていた／てしまう」

(1)　○
(2)　○
(3)　○
(4)　×（「止まっていた」という A の文は，今，まだ止まっているかどうかは不明。B は「今はない」と言っているので，この 2 つの文の意味は異なる）
(5)　×（A は習慣，B は今の状態を表している）

22　「試みる」のいろいろ「てみる／てみると／てみたら／てもみない」

(1)　×（「てみる」は「試みる」の意味なので，「しなかった」ことに使うことはできない）
(2)　○
(3)　○
(4)　○
(5)　×（くだけた表現なら「履いてみたら？」または「履いてみれば？」）
(6)　×（「履いてみないと」）
(7)　○

23　対象を説明する「向き／向け」

(1)　向き
(2)　向き
(3)　向け

(4) 向け
(5) 向き不向き
(6) 向き
(7) 前向き

24 話題の提示・状況の説明を表す「について／に関して／をめぐって／にとって／に対して／において」

(1) について
(2) をめぐる
(3) にとって
(4) について
(5) に関して
(6) に対して・に対して
(7) において

25 意外・予想外を示す「にしては／にしても／にして／として」

(1) ○
(2) ○
(3) ×（「から／ので／ため」などが正しい）
(4) ○
(5) ×（「としては」が正しい）
(6) ○
(7) ×（「にしては」が正しい）

26 名詞への変換「こと／の／もの」

(1) こと（経験を表す「～ことがある」）
(2) もの（理由・原因を表す「～によるものだ」）
(3) の（文型「～の（ん）だ」）
(4) こと（「～ことが大切だ」）
(5) こと（文型「…は～ことだ」）
(6) の（強調構文）
(7) もの（不可能を表す「～ものではない」）

27　限度・最低限を示す「せいぜい／せめて」

(1)　せめて
(2)　せめて
(3)　せいぜい・せめて
(4)　せめて
(5)　せめて

28　動作を説明する「つい／ついでに」

(1)　○
(2)　×（「つい」）
(3)　○
(4)　○（主な行動が出張なので○となる）
(5)　○
(6)　×（話している相手が上司なので不適）
(7)　○

29　例を提示する「なんか／など」

(1)　○
(2)　○
(3)　×（副詞，連語では不可）
(4)　○
(5)　○
(6)　○
(7)　×（副詞，連語では不可）

30　文末表現の終助詞「な／なあ／ね／よね」

(1)　○
(2)　×（「行こうね」）
(3)　×（「いいですね」）
(4)　○・×（「そうですね」）
(5)　○
(6)　×（「ね」は不要）
(7)　○

おわりに

2020 年，2021 年と，世界的パンデミックの中で語学学習はどのように変化したのでしょうか。日本から海外に留学を予定していた人が行けなくなった，また反対に海外から日本に留学を希望していた人が大勢，来日できなくなったなど，さまざまな影響がありました。このような状況でも教育に携わる多くの先生方が，「学びたいと思っている人の学びの機会を失くしてはいけない」という気持ちから，今できることをしようと試行錯誤で教育現場に立ってこられたことと思います。筆者もその一人です。

教育現場に IT が取り入れられ，学習方法やツールが紙ベースからデジタルに大きく舵を切り，さらにはその国に行かずとも，その国のことばを学ぶ方法は以前より選択肢が増えました。映像や音声なども，家にいながらにして視聴できるようになりました。しかし，反対に行けないからこそ，行ってみたい，行って実際にどのように使われているのか感じてみたいと思う気持ちが強くなったことも確かだと思います。また今までなら，教室で学習者，教師の双方が話す表情やしぐさから学べた言語外のコミュニケーションが減ったことで，話して伝えることの大切さを再認識したということもあると思います。プラスもマイナスもあった変化ですが，改めて「学ぶ」ことの意味を考える時間になったと感じた方も多かったのではないでしょうか。

前著『〈初級者の間違いから学ぶ〉日本語文法を教えるためのポイント30』の最後にも書きましたが，ことばを学習することが大きく見れば地球全体の平和につながっていくという考えは，以前と変わりません。もちろん，それは日本語学習，日本語教育だけにとどまらず，さまざまな外国語学習，外国語教育に通じるものです。

今後，世界がどう変化していくのか予測できませんが，教育の果たす役割が変化することはあっても，なくなることはないと確信しています。だからこそ，どのような状況になっても「ことばを学びたい」と思っている人と共に，ことばを使ってコミュニケーションする楽しさを実感していきたいと思います。一教師としては，学びたいと願う人にとって，たとえ形が変わることがあっても，よりよい学習環境が提供できるよう精一杯努力していきたいと思います。

2022 年 3 月
関 かおる・高嶋 幸太

参考文献

アスク出版編集部編，目黒真実監修『“生きた”例文で学ぶ　日本語表現文型辞典』アスク出版
庵功雄・高梨信乃・中西久実子・山田敏弘著，白川博之監修（2001）『中上級を教える人のための日本語文法ハンドブック』スリーエーネットワーク
市川保子（2007）『中級日本語文法と教え方のポイント』スリーエーネットワーク
大阪 YWCA 専門学校／岡本牧子・氏原庸子（2008）『くらべてわかる日本語表現文型辞典』J リサーチ出版
岡本智美・松浦みゆき・角田亮子（2021）『中級日本語文法を教えるためのアイデア集』ココ出版
北原保雄編（2020）『明鏡国語辞典 第三版』大修館書店
グループ・ジャマシイ編（1998）『教師と学習者のための日本語文型辞典』くろしお出版
近藤安月子・丸山千歌（2021）『日本語教育実践入門：日本語の分析から教材・授業の創造まで』東京大学出版会
友松悦子・宮本淳・和栗雅子（2010）『新装版 どんなときどう使う日本語表現文型辞典』アルク
中村明（2010）『日本語 語感の辞典』岩波書店
日本語教育学会（2005）『新版 日本語教育事典』大修館書店

索引（用語）

索引（文法）

著者紹介

高嶋　幸太（たかしま　こうた）

立教大学日本語教育センター兼任講師。東京学芸大学教育学部日本語教育専攻卒業，英国グリニッジ大学大学院言語教育学専攻修士課程修了。モンゴル国ウランバートル市教育局（JICA 青年海外協力隊日本語教師），英国 United International College（日本語教師）などを経て現職。専門は日本語教育学，コミュニケーション学，第二言語習得研究など。

主著に『日本語でできる外国人児童生徒とのコミュニケーション』（学事出版，単著），『英語教師が知っておきたい日本語のしくみ』（大修館書店，単著），『日本語で外国人と話す技術』（くろしお出版，単著）があり，『私の日本語辞典』（NHK ラジオ）などメディア出演・掲載も多数。

HP『世界の日本語図書室』: https://nihongo-toshoshitsu.jimdo.com/

関　かおる（せき　かおる）

神田外語大学教育イノベーション研究センター客員講師。聖心女子大学現代教養学部非常勤講師。大学院修士課程修了。

青年海外協力隊日本語教師派遣前訓練の養成講師，ビジネスパーソン，大学学部留学生など，日本語を学びたいと思う人の教育現場に携わっている。専門は日本語教授法ならびに教師養成。現在は，非漢字系学習者の文字習得の研究に関わっている。

著書に『〈初級者の間違いから学ぶ〉日本語文法を教えるためのポイント30』（大修館書店，共著），『ひとりでできる 初級日本語文法の復習』（スリーエーネットワーク，共著），『ねっこ 日日学習辞書』（三修社，共著）など。

〈学習者からの質問に学ぶ〉
日本語文法を教えるためのポイント30　中上級編

NDC810 ／ xi, 227p ／ 21cm

初版第１刷――2022年6月1日

著者―――高嶋幸太／関かおる
発行者―――鈴木一行
発行所―――株式会社 大修館書店
〒113-8541 東京都文京区湯島2-1-1
電話03-3868-2651（販売部） 03-3868-2292（編集部）
振替00190-7-40504
［出版情報］https://www.taishukan.co.jp

装丁者―――ISSHIKI
印刷所―――倉敷印刷
製本所―――ブロケード

ISBN978-4-469-21390-4　Printed in Japan